あの〜、

1円

でも多く

お金を残す

には

どうしたらいいですか？

元国税・税理士

じてこ先生SASA

（笹圭吾）

すばる舎

はじめに

　こんにちは、「じてこ先生SASA」こと笹圭吾です。

　元国税の税理士で、主にTikTokやYouTubeなどの動画サイトで、税金についての解説動画を配信しています。

　そんな僕のところには、SNSの投稿を通じて日々お金や税金に関する質問や相談が多数寄せられています。

　なかには非常に深い悩みを抱えておられる方もいて、できればそれらすべてに回答したいところなんですが、数が多いこともあり、なかなか対応することができません。

　この本では、そうした僕のところに寄せられた質問・相談の中から、多くの方が共通して疑問に思っていたり、悩んでいたりするポイントを抽出し、架空の相談者の質問として再構成。それらにまとめて回答をしてみました。

　また、動画サイトでも関連の動画を公開している質問については、本書執筆時点での総再生数も目安として掲載しています。みんなが興味を惹かれて動画を観ているテーマは、その同じポイントで、多くの人が疑問を持ったり、困ったりしているだろうと考えたからです。

　お金、特に税金については、なんだか小難しくて、できれば近づかないでおこう、などと思われがちな話なのですが、最低限の知識やコツを学んでおけば損をするリスクを最小限に抑えられ、同時に得をするチャンスを大きく増やせる性質があります。税金に代表される国や地方公共団体の制度というものは、そういうふうにつくられていることが多いからです。

　つまり、知らないと損するけれど、対処法のコツを知っていれば、むしろオトクに活用することができます。

　なので、たとえば次に挙げる条件にあなたが1つでも当てはまれば、本書の内容を把握して、少しだけ賢く立ち回ることで、この本の代金分くらいの損をするのを防ぐ、あるいは代金分くらいの得をするという形で、簡単に元を取ってもらえるはずです。また、生涯にわたって数十万円、数百万円のオトクにもつながっていくでしょう。

☑ 妻（私）が出産を控えている
　→ご主人の税金が5〜10万円くらい安くなるかも！？

☑ 将来的に会社を辞めようと考えている
　→社会保険のシミュレーションで年間数十万円オトクになることも

☑ 起業しようとしている
　→家賃やこれから買うPCを経費にできれば、大きなオトクになる！

☑ 実家の親の世話をするのが大変だ
　→扶養控除や医療費控除の適用で、所得税や住民税が数万円は変わる

☑ パートやアルバイトにがっつり入っている
　→余計な社会保険料や税金を払わずに済み、数万〜十数万円もの損を防げる

　この本では、こうしたお金や税金についての学びを、会話形式でわかりやすく解説していきます。
　学校で勉強していた頃のような、小難しい内容にはならないように気をつけていますから、気軽に読み進めていただければ嬉しいです。

　国税局に勤めていたお役人時代、大失敗してものすごい借金を抱えているのに、お金や税金に関する国のルールを上手に使ってそれらの大部分をチャラにし、不死鳥のようにまた大金を稼ぐようになる強者（つわもの）納税者を、僕はたくさん見てきました。彼らは何か特別なことをしているわけではなく、今ある仕組みを上手に利用しただけです。同じことは、仕組みやルールを知ってさえいれば、あなたにだってできるのです。
　仕組みやルールに振り回される側に居続けるか、それとも仕組みやルールを活用する側に回るのか——あなたは、どちらを選択しますか？

2023年6月　じてこ先生SASA（笹圭吾）

本書の読み方

　この本の中では、いろいろな悩みを抱えた相談者がじてこ先生SASAのところに相談にやってきます。

　特に税金の話は、それぞれの人が置かれた状況や家族構成、本人や家族がどれくらい稼いでいるかによって最適な回答が変わることがほとんどですから、相談者の年齢や家族構成、年収などを設定して、より個別・具体的なアドバイスができるようにしています。

　それぞれの相談者の設定は、じてこ先生SASAのところに多く寄せられる相談や質問をパターン化して、擬人化したものなので、あなたの状況に似ている相談者もきっといるはずです。

　元国税で税理士の著者だからこそわかる、納税者のリアルな疑問・質問・不安を解消できるアドバイスを、アシスタント役のパンダとともに、メッセンジャーアプリ的な形式でオモシロおかしく提供していきます。

　最後まで読んでもらえれば、日常生活で必要な税金知識の8〜9割は、いつの間にか身についているはずです（あとの1〜2割は、必要になったときにネットでググって習得すれば十分でしょう）！

CONTENTS
目 次

はじめに 3

第1章 大人でしょ？ 知らずにはやりすごせない税金の基礎

▶3.5万回 **01** ネットで、消費税を廃止しても日本の財政は全然大丈夫だって 意見を見たんですけど、ホントですかぁ？ 10

▶42万回 **02** 額面？ 手取り？ 年収？ 所得？ 社会人になるけど全然意味が わかっていません！ 自分、このままで大丈夫でしょうか？ 15

▶7万回 **03** 先生、税金ってなんでこんなに複雑なんですか？ わざとわかりにくくして、何か隠してるんじゃない？ 21

▶130万回 **04** 先日、社長に「お前の手取り以外にも、会社はいろいろ負担してるんだぞ！」と 言われたんですが、どういう意味ですか？ 28

▶4.5万回 **05** 友達がこれまで確定申告をしたことがないらしいのですが、 逮捕されたりしますか？ 34

▶24.7万回 **06** 年収1,000万円の大黒柱1人より、年収500万円ずつで共働きの家庭のほうが 生活がラクって小耳に挟んだんですけど、そんなこと、ありえます？ 40

▶35.2万回 **07** 先生、給与明細の見方が全然、まったくわからないんですけど……。 46

▶27万回 **08** 最近、「ニーサ」とか「イデコ」をやるとオトクだ、という話をよく聞くんですが、 正直あまりわかっていません！ どういう制度ですか？ 51

▶35万回 **09** 結局のところ、私はNISAとiDeCoどちらに投資すべきなんですか？ 58

▶255万回 **10** インボイス制度が始まるそうですが、これって一体、何のことなんでしょうか？ 65

第2章 えっ!? マジで気になる税金トーク

▶26万回 **01** 領収書が経費で落とせたら、何か得になるんでっか？ それに、経費になるかならんかは、どうやって決めるんでっか？ 70

▶14.2万回 **02** 「減価償却」って、よく聞くんですけどどういう仕組みっすか？ 74

▶23.7万回 **03** 黒字やのに倒産するとか意味不明。どういう状況なんすか？ 79

▶6万回 **04** フェラーリを全額経費にする方法があるって聞いたんですけど、 それって本当ですか!? 83

▶28万回 **05** お金持ちの社長さんは、なんで高価な美術品とかを買いがちなんやろね？ 86

▶4.5万回 **06** ツレと飲みに行ったときの飲食代金は経費になりますか？ 90

▶60.8万回 **07** ４年落ちの中古ベンツを買ったら節税になるって 聞いたことがあるんですが、これってホントの話ですか？ 93

▶26万回 **08** 「タワマン節税」ってたまに聞くけど、どういう手法ですか？ 99

▶26万回 **09** 副業が会社にバレない方法、教えてください！ 104

▶8万回 **10** 趣味のYouTube配信で思ったより儲かっちゃった。副業として 節税に役立てられると聞いたんですが、詳細を教えてください！ 110

第3章 知っておきたい！ 所得の壁、最適な年収

▶246万回 **01** 所得の壁について、103万円、106万円、130万円などといろいろ言われますが、結局、私たちはどれを信じたらいいのですか? ………… 114

▶10万回 **02** 106万円と130万円の壁の計算時に間違えたくないんですが、特に注意しておくことはありますか? ………… 121

▶377万回 **03** 学生バイトで働きまくるのは損だ、という話を聞きました。どれくらい損なんですか? ………… 126

▶300万回 **04** 夫に「103万円の壁」を超えたらダメだと言われているけど、もし超えたらいくら損しちゃう? ………… 131

▶100万回 **05** 3ヶ月連続で10万以上パートで稼ぐと、夫の扶養から外れちゃうって本当ですか!? ………… 136

▶21万回 **06** 夫が個人事業主の場合、私がパートに行く際に「130万円の壁」や「106万円の壁」は関係ありますか? ………… 140

▶27万回 **07** 社保逃れで会社にシフト制限を強要されています。もしかして、これって違法じゃないですか? ………… 145

▶6万回 **08** もうすぐ会社を辞めますが、もう一度、親の扶養に戻れますか? ………… 151

▶NEW! **09** 夫の年収が1,300万円もあるのに家計がカツカツなんですが、一体どうしてなのかしら? ………… 155

▶42万回 **10** 所得の壁ってほかにもいろいろあるんでしょ? 全部教えて! ………… 161

第4章 非常識！ な節税対策

▶NEW! **01** 1円も税金を払いたくないんですが、よい方法はありませんか!? ………… 168

▶131万回 **02** 「ふるさと納税」の仕組みが全然わかっていないんですが、これ、本当に節税になるんですよね? ………… 178

▶25万回 **03** 親の介護費用がかさんできました。一体どう対応したらいいでしょうか? ………… 186

▶38万回 **04** 2ヶ所以上で掛け持ちのバイトをしていて、確定申告をしないとダメだと言われたのですが、なぜでしょうか? ………… 195

▶3万回 **05** 私、フリーランスなんですが、確定申告って本当に必要でしょうか? ………… 201

▶10万回 **06** 医療費控除って、どれくらい使えるんですか? ………… 206

▶10万回 **07** 医療費控除を受けようかと思っとるんやけど、娘に勝手に確定申告をしたらダメだと言われてます。どうして、ダメなんやろ? ………… 210

▶50万回 **08** パートをしていますが、6月にはあまり働かないほうがいいと言われました。これってどういう意味? ………… 213

▶10万回 **09** スーツは絶対「経費」でしょ! なんとか経費で落とす方法を教えてください。 ………… 217

▶10万回 **10** 独立開業をするまでに、その開業のための費用を負担するのが大変です。どうしたらいいでしょうか? ………… 222

▶5.8万回 **11** 医療費がなかなか10万円を超えそうにないんですが……どうにかなりません? ………… 225

第5章 嘘やろっ!? 雑談で使える税金雑学

▶25.3万回 **01** 水より安いガソリンがあるって聞いたんですけど、そんなガソリン、本当にあります? ……… 232

▶30万回 **02** 走行距離税が導入されそうだ、という話を聞きました。また増税ですか? … 238

▶21.3万回 **03** 収入印紙って、本当に面倒ですね……。5万円未満の領収書でも、収入印紙を貼らないといけないことがあると聞きましたが、本当ですか? … 243

▶22.4万回 **04** えっと、税金ってなんか難しそう。少しはおもしろいエピソードありませんか? … 250

▶21.3万回 **05** 近く仕事を辞めるつもりなんですけど、何月に辞めるのがオトクですか? … 256

▶10万回 **06** 消費税って何のためにあるんですか? … 263

▶5.5万回 **07** 昨年、誰が一番儲かったか、税務署が発表していた過去があるって本当ですか!? … 268

▶62万回 **08** メルカリで服を売っても税金を払う必要がないって本当ですか? 必要と言う人もいるけど、どっちが本当? … 272

▶122万回 **09** 将来、年金っていくらもらえるんでしょう? 僕らの世代は、大してもらえないんだろうとあきらめてはいますが……。 … 276

▶10万回 **10** え、嘘? 競馬で勝ったお金って税金かかるの? … 281

あとがき 284

第 1 章

大人でしょ？
知らずにはやりすごせない
税金の基礎

ネットで、消費税を廃止しても日本の財政は全然大丈夫だって意見を見たんですけど、ホントですかぁ？

質問者 高橋さち子

主婦。50歳。夫の年収650万円
130万円の壁を意識しつつパート勤務
息子は20歳の大学生、娘16歳

▶
関連動画再生回数
3.5万回

¥ 公共サービスもタダじゃない！

じてこ先生、そもそもの話なんですけど、なぜ私たちは税金を払わないとダメなんでしょうか？

（いきなり、ざっくりした質問がきたなぁ……）
うわぁ、めちゃくちゃむずかしい質問ですね〜。

まずは型通りにお答えすると、**「生活インフラの整備や、教育・警察・消防・防衛といった各種の公共サービスを実施するにはお金が必要だから」** というのが模範解答になります。
どうですか？ この答えで、さち子さんの疑問は解消できますか？

……そういえば、僕が国税局に務めていたときにも、国民の納税意識を高めるための「租税教室」というイベントで、子供たちにはそのように教えていましたねぇ。

なるほど。まぁ、中学校の社会科の授業なんかでも、その辺りは習った気がします。

それはそれとして、実は私、最近TikTokで経済系のインフルエンサーが話している動画をよく見ているんですけど、政府や中央銀行がお金を発行できるんだから、消費税なんて廃止しても問題ない、というようなことを言う方が結構いるんですよ。
これは本当の話なのかな〜と思いまして、せっかくなのでお聞きしたんです。

💴 各種メディアで触れる「大きな話」とどう付き合う？

なるほどなるほど。そのテイストのお話ですね。
う〜ん、僕は税理士で経済学の専門家ではないので、あくまで話半分に聞いてくださいね。
その上で僕の考えを言うと、政府やその傘下の中央銀行がお金をいくらでも発行できるから、消費税を廃止したとしても財政的には問題が生じないよ、という理論・理屈は、1つの可能性としては実際にあるのかもしれません。
ただ、**本当に問題ないかどうかは、試してみないことにはわからないんだろうな**と。

そして、**仮に実際に試してみたところで**、やっぱり消費税が一番の悪者で財政が健全になりましたとか、逆にいきなり財政破綻してハイパーインフレになりました、といったような**ハッキリした答えは出てこないんじゃないかなぁ**、と考えています。

……どういうこと？

たとえば、アベノミクスのとき、異次元の金融緩和で当時の日銀総裁の黒田さんがバズーカを打ちましたよね。
これは、中央銀行が市場に出回るお金の供給量を増やすことで、経済を活性化させる政策だったわけです。でも、その結果、日経平均株価が上がったり、失業率が下がったりと一定の効果はありましたけど、実体経済が成長して国民生活が豊かになったか？ デフレが終わったか？ と言われたら、そこまで成功したとは言い切れないでしょう。

いや、効果的だった、長期的に見ればデフレ脱却の環境をつくった、消費増税さえなければ……とか、逆にいやいやそんなことはなくて大失敗だったとか、いろいろと議論はあるんですが、最終的な結論は出ていません。

本当に結論が出るのはおそらく何十年も先で、もしかしたらずっと結論は出ないかもしれません。

経済には答えがないってことですか?

僕はそう思っています。
国民の購買行動も時代とともに変わるので、経済のいろんな学説や政策も、なかなか思った通りの結果にはならないんじゃないでしょうか。

商品をつくったら売れるという時代ではなくなり、もはや大体の需要が満たされているので、欲しいものもそんなにないという人も増えていますよね。時代時代のそうしたいろいろな変化が原因で、これまではよいとされていた経済政策も、うまく機能していないんじゃないかな〜と。

日本の経済の低迷についても、必ずしも消費税が原因ではないんじゃないか、というのが僕の肌感覚というか仮説です。

過去の成功パターンや、他国での成功パターンを現在の日本で試しても、成功するかどうかはわからない、成功しているかどうかもなかなかハッキリしない、ということですか。

そうなんですよ。
実際にやってみないと正解がわからないことばかりで、実際にやってみても、これで完璧! という答えはなかなか出てこない。
だからこそ、いろいろなインフルンサーがいろいろなポジショントークができる、という側面もあるんじゃないでしょうか?
政治家や経済の専門家の提言も、あくまで1つの仮説であり、絶対にこれで正しい! というものは経済の分野にはあんまりないように感じます。

どうにもすっきりしませんねぇ。

まぁ、そんな状況なんで、消費税は！ とかの大きな話は、話半分に聞いておけばいいんだと思いますよ。
もちろん選挙のときにはある程度考えて、自分はこっちかな〜って人に投票するのは大事なことなんですけど、それ以外のときは、あまりこだわっても意味がないです。

僕たち庶民は、今あるルールのうちでいかにオトクに暮らすか、たとえば税金を1円でも少なく支払って、どうやって手残りを増やすか、みたいな具体的な方法について考えるほうが健全ですし、実際に役に立つ知識になるんじゃないかと思っています。

お金、大事ですからね。

はい。ただし、節税で税金が安くなっても、一方でみなさんの大事な時間が失われたり、心の豊かさが失われたりする方法では、トータルの幸福度は上がりませんからバランスが大事です。

ルールとの付き合い方、今ある仕組みの中でどうすればオトクに、損をせず、かつ楽しく暮らせるか。消費税が必要かどうかみたいな大きな議論よりは、最初はそういう身近なノウハウのほうに意識を向けることを僕はお勧めしています。
この本では、そういう内容をいろいろ紹介していきますね。

そして、そういう身近なお金の知識が身につけば、だんだんと消費税が必要かどうかみたいな大きな経済の話もできるようになっていきます。自分なりの考えがだんだんと確立されていくイメージです。

わかりました。消費税がどうなるかを考える前に、まずは身の丈に合ったお金の知識を身につけることにします。
この本の対話を聞いていけばいいんですよね？

そうですね。読者のみなさんと一緒に、ぜひ最後までお付き合いください。
（僕、経済の専門家じゃないんだけど、とりあえずは納得してもらえたみたいでよかったわぁ……）

ま と め

- ●消費税にかかわる財政や経済の問題は、じてこ先生SASAを含め、庶民の手に負えるレベルではないから結論はわからない。
- ●経済には答えがないことが多いので、実は政治家や経済の専門家でも事前に正しい方策がわかっているわけではなく、試行錯誤をしているのが実態。
- ●庶民はそうした大きな議論より、自分の身の回りの幸せのためにまず時間を使おう。税金や生活に関するお金の知識を身につけることが先決で、それができれば、大きな議論にもだんだん自分の意見を持てるようになる。

額面？ 手取り？ 年収？ 所得？
社会人になるけど全然意味がわかっていません！
自分、このままで大丈夫でしょうか？

| 質問者 | 平田てるお |

23歳。この春から社会人
父、母と実家暮らし

関連動画再生回数
42万回

社会人になるにあたって、不安になっています。お金関係がマジで何もわからない。
年収いくら？ 手取りいくら？ 額面は？ 103万円超えたらアカン！みたいな話はよく耳にするんですけど、全然意味がわからないので知ったかぶりしてやりすごしています。
どうか、この漠然とした不安を解消してください！

めちゃくちゃわかる、その気持ち!!
僕も国税局に入るまでは何も知らなかったので、全然大丈夫です。
よし、一発で解決しましょう。

ホントですか？ 少し安心しました。

¥ 給与から税金が計算される仕組み

では、いきましょう。ここでは所得にかかる税金である「**所得税**」の税額が、給与から計算されていく過程で説明しますね。よかったら、**図1**を見てください。

》》図1

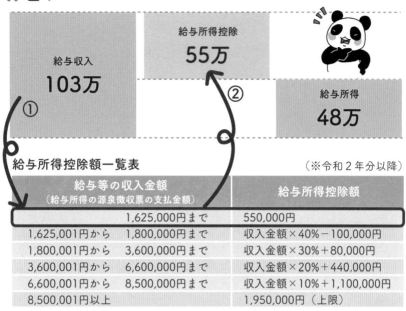

給与収入
103万

①

給与所得控除
55万

②

給与所得
48万

給与所得控除額一覧表

（※令和2年分以降）

給与等の収入金額 （給与所得の源泉徴収票の支払金額）		給与所得控除額
	1,625,000円まで	550,000円
1,625,001円から	1,800,000円まで	収入金額×40%−100,000円
1,800,001円から	3,600,000円まで	収入金額×30%＋80,000円
3,600,001円から	6,600,000円まで	収入金額×20%＋440,000円
6,600,001円から	8,500,000円まで	収入金額×10%＋1,100,000円
8,500,001円以上		1,950,000円（上限）

まずは「**給与**」。これは会社があなたに支払うお金のこと。図では仮に103万円としてあります。

てるお君が働いて、その報酬として給与を手にしたら、それは「**収入**」だから「**給与収入**」となる。

ここまではOK？

大丈夫です。

この給与収入の金額は、よく「**額面**」とも呼ばれます。

また「**年収**」と言った場合にも、一般的にはこの額面の数字、つまり給与収入の額のことを言っています。

なるほどです。額面、給与収入、年収はほぼ同じ意味なんですね。

「年収」の明確な定義はなく、サラリーマンの年収は「額面金額」、個人事業主の年収は「所得金額」を指すんです。
しかし、この言葉を正確に使い分けている人は少ないので、今はとりあえず、給与だけで考えてもらえれば大丈夫です。

了解です。

じゃあ続いて、税金を計算するために給与収入から**給与所得控除**を引きます。
この給与所得控除は、「サラリーマンの経費」みたいなものです。
ちなみに**控除**とは、簡単に言えば「引き算できる数字」のこと。

年収850万円までは給与収入が増えれば控除額も増えるんだけど、どんなに稼ぎが少なくても55万円は控除できます。
具体的には**図1**の通りなんで、給与収入103万円なら最低額の55万円です。

ここまでは、計算式に当てはめるだけ、みたいなイメージですね。

そうですよ。税金の計算は、基本すべて計算式が決まっているので、その決まっている計算式に実際稼いだ金額を当てはめていくだけです。

というわけで、給与収入の額面金額から、この給与所得控除を引いた金額を**給与所得**と言います。

なるほど。給与から給与所得控除を引いた金額が「給与所得」。
こういう計算を、社会人になるとみんなできるようになるんですねぇ。

いや？ サラリーマンは会社が計算してくれるので、自ら計算することはほとんどないですね。

えっ、そうなんですか？
じゃあ、実はこの辺の知識はあまり知らなくても、やっていけるもんなんですか？

全然、やっていけますよ〜。てるお君みたいに知ったかぶりでやりすごしている社会人、多分ものすごく多いですよ。（笑）

ただ、それだと損する場合もあるんです。
お金や税金の仕組みを理解していないから、できる節税ができていなかったり、もらえる助成金をもらえなかったり……。
損していることにすら気づいていない、という人が多いですね。

それは、イヤですね。しっかり理解して、損をしないようにしたいです。

ぜひぜひ、そうしてください。
では、本題に戻ります。右の**図2**を見てくださいね。

給与収入から給与所得控除を引いた金額が「給与所得」でした。
さらにこの給与所得から、「**所得控除**」を引いていきます。

この「所得控除」は、家族や保険、医療費などに関係する控除をひとまとめに呼んだもので、細かく見ていくと人によって利用できるもの・できないものがいろいろあります。
ただ該当する事情が何もなくても、誰でも控除できる「**基礎控除**」というものが48万円分ありますから、ここでは48万円を給与所得から引いていきましょう。

給与収入から、給与所得控除と所得控除を引いた金額を「**課税所得**」と言います。
この課税所得に、金額ごとに決められている税率がかけ算されて、税額が算定されます。

なるほど〜〜。「額面」と「年収」はほぼ同じ意味。「所得」は2段階あって、どっちも控除額を引き算したあとの金額のこと、というわけですね。

》図2

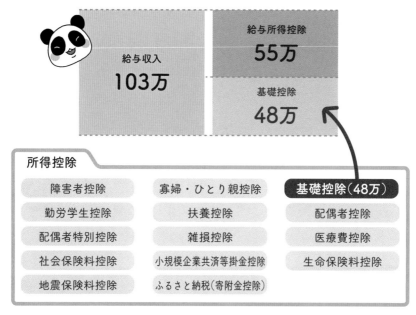

￥「103万円の壁」は税金計算の仕組みからきている

で、ここで注目してもらいたいのですが、給与所得控除55万円と、基礎控除48万円の合計金額が103万円になっています。
つまり、1年間の給与収入が103万円以下の場合には、2つの控除の合計が差し引かれて課税所得が0円になるので、結果的に税金がかからなくなります（課税所得はマイナスの金額にはなりません）。
これが、一般的に言われる「**103万円の壁**」です。「103万円の壁を超えると、税金が発生しちゃうよ！」という話はここからきているわけです。
図1と**2**の例では給与収入103万円なので、ちょうど課税所得が0円になって、収入に関してはほぼ税金がかからないわけです。

おお、スゴいっ!! それはオトクですね。

ただ、てるお君の場合は今度から社会人になるわけだから、年収が103万円ではちょっと困ってしまうけどね。（笑）

確かに、それはそうですね。もうちょっと稼ぎたいです！

最後に「**手取り**」というのは、こうして計算された所得税や、ほぼ同じように計算される**住民税**、さらに年金や健康保険などの社会保険料があらかじめ差し引かれて、「**会社から実際に銀行口座に振り込まれる金額**」のことを言います。
厳密に言うといろいろ細かいこともあるけど、ざっくりならこの理解で大丈夫。

なるほど。……うん、すっきり理解できました。
それに、社会人の先輩たちも、実はあまり詳しいことは知らないんだと思ったら、不安が薄れて気がラクになりました。

お金や税金の仕組みは、知っていると人より優位に立てますし、何よりも損をしないようにできます。
最低限、この本で解説している内容くらいは知っておくことをお勧めしますよ！

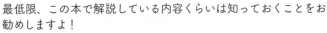

- 税金の計算について、サラリーマンの場合は原則会社がしてくれるので、自分で計算する必要はない。
- ただし、仕組みを理解すれば節税できたり、助成金がもらえたりすることがあってオトクである。少なくとも知らないうちに損する危険は減らせる。
- 「103万円の壁」の実態は、給与所得控除55万円＋基礎控除48万円の合計額である。

一読すると ➡ 税金の仕組みの背景にある意図がわかる！

先生、税金ってなんでこんなに複雑なんですか？
わざとわかりにくくして、何か隠してるんじゃない？

| 質問者 | 阪田ゼイ美 |

33歳。夫、長男5歳、長女2歳
夫の年収500万円

 関連動画再生回数
7万回

先生、ちょっと聞きたいんですけど、税金の計算方法ってなんであんなに複雑なんですか？
政府が何か隠しているから、あんなに複雑なんじゃないですか？
それとも庶民への意地悪？

（いきなり圧が強い方やな〜・笑）
い、いや、複雑すぎるというのは同感ですが、何か隠しているわけではないですよ。

どうやら同じ年収でも人によって置かれた状況が違ったりして、税金を負担する力「**担税力**」が違うから、その能力に応じた負担感にしようとして、結果として複雑になってしまった、というのが現状のようです。
たとえば、独身で年収500万円の人と、家族4人で世帯年収500万円の人とでは、同じ世帯年収でも生活の豊かさレベルが変わってくるから、税金の負担額も変えないとね、そのために細かく計算して調整するね、ということです。

なるほど。聞いたことありますね。その「担税力」という言葉。

え、それは……ゼイ美さん、実は結構知識のある方ですね。何者ですか?

ふふ。税金についてちょっと興味のある、ただの主婦ですよ?

そ、そうなんですね
(こわっ。スパイ……? めずらしいタイプ……?
どちらにしても、奥行きのある話ができそうやな)
では、今回も所得税の税金が発生するまでの過程で説明していきましょう。右ページの**図3**を見てください。
読者のみなさんは、前項でてるお君に説明したときの図1と2も見返していただくと、よりわかりやすいでしょう。

解説、よろしくお願いします。

「売上」があって、そこから「経費」を引いた残りの金額が「事業所得」になります。
この事業所得がその事業主が儲けた額となるので、事業活動についてのみ判断材料にするのであれば、この「事業所得」に税金をかけることになります。

しかし、個人を対象にしている所得税については、先ほども言ったように<u>人によって異なる担税力へ配慮するために、さまざまな所得控除の項目が定められています</u>。
基礎控除の48万円については前項で触れましたが、ほかにも、有名な**配偶者控除**とか、**医療費控除**などがあります。

……いきなり少しむずかしくなりましたが、要するにそうした所得控除で、各自の担税力の違いに配慮する、ということですか?

》》 図 3　所得控除額一覧表

（※令和5年6月時点）

	控除の名前	こんな人・場合	控除額
人的控除	⓪1 障害者控除	自分や同一生計配偶者、扶養親族が障害者の場合	27万or40万or75万
	⓪2 寡婦・ひとり親控除	自分が寡婦またはひとり親の場合	27万（寡婦） 35万（ひとり親）
	⓪3 勤労学生控除	・本人が特定の学校の学生で、所得が75万以下で勤労以外の所得が10万以下	27万
	⓪4 扶養控除	・生計を一にする16歳以上の親族がいる ・該当する親族の年間所得48万以下 ・納税者が扶養している	38万～63万
	⓪5 配偶者控除	・生計を一にする年間所得48万以下の配偶者がいる	13万～48万
	⓪6 配偶者特別控除	・生計を一にする年間所得49万以上133万以下の配偶者がいる	1万～38万
	⓪7 基礎控除	誰でも適用	16～48万 （所得が2,500万以下）
物的控除	⓪8 雑損控除	自然災害や火災、盗難などにあった場合に受けられる。	差引損失額－ （総所得金額等×10% or災害関連支出－5万） のどちらか多い方
	⓪9 医療費控除	多額の医療費（おおむね10万）がかかった場合に受けられる	払った額－（10万or 総所得金額等×5%） どちらか多い方
	⑩ 社会保険料控除	健康保険や年金などを払った場合	払った額
	⑪ 小規模企業共済等掛金控除	小規模企業共済やiDeCo加入者の掛け金を支払った場合	払った額
	⑫ 生命保険料控除	生命保険等を支払っている場合	計算式あり ※最高12万
	⑬ 地震保険料控除	地震保険などの損害保険料を払っている場合	一部、計算式使用 ※最高5万
	⑭ ふるさと納税（寄附金控除）	地方公共団体等への特定の寄付金を支払った場合	寄付額－2千円

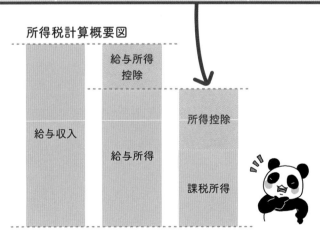

所得税計算概要図

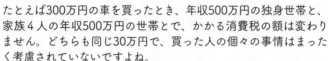

¥ 余談：消費税は超高齢化社会の必然？

その通りです。

ちょっと余談になりますが、担税力に関してさらに言うと、**消費税**はこの担税力についてあまり考慮していない税目だと言われています。

たとえば300万円の車を買ったとき、年収500万円の独身世帯と、家族4人の年収500万円の世帯とで、かかる消費税の額は変わりません。どちらも同じ30万円で、買った人の個々の事情はまったく考慮されていないですよね。

なるほど。やっぱり消費税は、やさしくない不快感のある税金ですね……。

そ、そうですね。でも、担税力の観点から見ると確かにやさしくない税金なんですけど、違う角度から見たら少し印象が変わるかもしれません。

どういうことですか？

所得税や法人税は、儲かっている人が多くて、人口構成上の現役世代が多いときには成立するんですが、高齢化した社会には不向きな制度だと言われているんです。

要は、所得税のルールではリタイアしている高齢者からはあまり税金を取れませんから、所得税メインでは社会を維持するだけの税収を確保できない恐れがある、ということです。

社会保障費が増大する超高齢化社会においても、日本の財政を回し続けるために、高齢者の方にもある程度の税負担をしてもらえる仕組みを整備する必要があって、その中心的な役割として消費税が導入された、という背景があるんです。

収入に着目せず、消費に着目したということですかね。

確かに、お金を持っている人のほうがお買い物するでしょうし、高価な物を買ったりしますもんね。
ざっくり言ったら、おじいちゃんやおばあちゃんのタンスに眠っている「昭和マネー」を循環させたい、という感じなんですか？

う〜ん、その表現のほうが理解しやすいかもですが、お金の循環について言うと、逆に消費税は経済に巨大なマイナス効果を生んでしまっている、と言う人も多くいます。廃止しよう、という極論を言う人も少なくなくて……おっと!! これは、完全に横道にそれてしまいました。所得税に話を戻しますね。

私は興味ありますから、続きも聞きたいですけどね。（笑）

ありがとうございます。でも、このままだと日が暮れてしまいそうなので、また今度お話ししますね。

¥ 使えるものは忘れず使う！

では、しきり直します。
給与収入から給与所得控除を引くと、給与所得になります。
次のステップで、給与所得から所得控除を引いていくのが、所得税計算の順番でした。
この所得控除こそ、私たちの個別事情を考慮してくれる部分になります。

たとえば、奥さんや子供を扶養しているとかですね。

そうです。**配偶者控除**や**扶養控除**などが代表例です。
ほかにも**障害者控除**や**勤労学生控除**、**寡婦・ひとり親控除**、**配偶者特別控除**などがあります。
これらの控除は、その人の個別事情に応じて使えるか使えないかが決まる控除なので、「**人的控除**」と呼ぶこともあります。**図3**の灰色の部分です。
ちなみに、誰でも使える**基礎控除**も人的控除に分類されます。

》図4　所得税の速算表

課税される所得金額	税率
1,000円から1,949,000円まで	5%
1,950,000円から3,299,000円まで	10%
3,300,000円から6,949,000円まで	20%
6,950,000円から8,999,000円まで	23%
9,000,000円から17,999,000円まで	33%
18,000,000円から39,999,000円まで	40%
40,000,000円以上	45%

注記：
①「平成27年分以後」の所得税率
②適用税率については、超過した部分に高い税率が適用される超過累進税率となっており、
　4千万円以上の所得であったとしても、そのすべての所得に最高税率の45％が課税されるわけではない。

給与収入　／　給与所得控除　／　給与所得　／　所得控除　／　課税所得　／　税額　／　手取所得

あとは、国民健康保険や年金なんかを払ったりした金額を差し引けるのも、この所得控除ですか？

その通りで、ご指摘のものは**社会保険料控除**ですね。
ほかにも**生命保険料控除**や**地震保険料控除**などの保険関係、**医療費控除**、iDeCoに関係する**小規模企業共済等掛金控除**、ふるさと納税の**寄附金控除**などもここです。
人的控除に対して、「**物的控除**」と呼ばれます。

こうしたさまざまな所得控除によって、個々人の担税力に応じた課税となるように工夫しているために、結果として複雑な税の仕組みになっているわけです。

なるほど、どうやら本当に、政府の陰謀や意地悪ではなさそうですね……。
人によって家族の扶養状況も違うし、家族が増えれば食費や保険などの支払い額も増えますしね。そうした違いに配慮してくれているのかぁ。

そういうことです。
なので、<u>自分が利用できる所得控除があれば、忘れずに全部利用すること</u>が損をしないためには<u>重要</u>です。
所得控除が利用できれば、多かれ少なかれ税金は減りますから。

忘れない。絶対。

で、そのように給与所得から各種の所得控除を引き算して課税所得を出したら、あとは事前に決められている税率表から対応した<u>税率を探し、かけ算して税額を計算する</u>、という流れになります。
税率については、**図4**に掲載した通りで、<u>課税所得が増えれば税率も大きくなっていく</u>ように設定されています。
4,000万円以上で45％になると、それ以上は増えませんが。

税金の仕組みが複雑すぎて、何か裏に隠された意図でもあるのかと思っていましたが、お話を聞くと、むしろ個々人の事情にていねいに配慮するために複雑になっている、ということがわかりました。
意外に人にやさしい仕組みだったんですね。
よくわかりました。ありがとうございます。

ま と め

● 所得税では、同じ年収でも家族状況が違ったり、支出額が違ったりと各個人の税金を負担する力（担税力）が異なるため、その能力に応じた控除額を設定するためにさまざまな所得控除の制度が用意されている。そのために、どうしてもある程度計算が複雑になる。

● 所得控除は、使えるものがあるなら忘れずに使うようにするのが節税のキホン。

● 消費税は個々人の事情を配慮しない税目である。超高齢化社会に対応するために導入されたが、経済活動へのデメリットが大きいとも指摘されている。

● 税制の中心である所得税では、所得が高ければ高いほど税率が高くなる累進課税制度が採用されている。

一読すると ➡ 会社が負担している追加費用がわかる！

先日、社長に「お前の手取り以外にも、会社はいろいろ負担してるんだぞ！」と言われたんですが、どういう意味ですか？

質問者	渡邊パンちゃお
	27歳女性　独身
	IT系の中小企業勤務　年収420万円

関連動画再生回数
130万回

¥ 9割の人は知らない。給与の手取りと会社負担

先日、仕事で社長に怒られたとき、「お前が辞めてくれたら、40万円は経費削減できるわ！」と言われたのですが、私の給与は月額35万円で、手取りだと多くても27万円くらいなのに、どういう計算で40万円という数字が出てくるのか疑問に思いました。
私が無知なんだとは思うのですが、どうぞ、その辺り教えてください！

（えっ、引っかかるの、そこなん!?　かなり酷いこと言われていて、40万円がもはやどうでもよく感じるんやけど……）
え〜っと、お金以前の話なんですけど、会社の体質、大丈夫ですか？ そのセリフ、パワハラとかモラハラじゃありません？

えっ、そうですかね？
まぁでもそんなことより、40万円のほうが気になっちゃって。

人の価値観って、さまざまですね……。

28

うちの会社の体質はどうでもいいんで、早く教えていただけますか？

……まぁ、当事者がそう言うのであれば、話を進めますね。
では、額面35万円の人を雇っているとき、会社はいくら負担をしているのかシミュレーションしてみましょう。

よろしくお願いします。

結論から言うと、**企業が従業員を雇おうとする場合、社会保険料の会社負担分があるので、会社は従業員への総支給額以上の支払いをしないといけません。**
ざっくり言うと、年金・健康保険・介護保険の3つだけで、額面金額に対して約15〜16％増しの金額が必要になります。

パンちゃおさんの場合なら、額面支給額35万円なので、35万円×15％＝52,500円程度を会社負担分として追加で支払っている計算になります。
雇用保険や労災保険についても会社負担分があるので、それらの支払いも考慮すれば、額面支給額に加えて約6万円は必要になるでしょう。

≫図5　総支給額と手取額の比較表

	従業員		会社		国など
総支給額	350,000	＝	350,000		
税及び社会保険等	84,792	＋	57,852	➡	142,644
健康保険料	18,522	＋	18,522	➡	37,044
介護保険料（40歳以上）	3,240	＋	3,240	➡	6,480
厚生年金保険料	32,940	＋	32,940	➡	65,880
雇用保険料	1,050	＋	2,100	➡	3,150
源泉所得税	8,140	⟶			8,140
住民税	20,900	⟶			20,900
労災保険料			1,050	➡	1,050
差引手取額または会社合計負担額	265,208	＝	407,852	－	142,644

（円）

額面の35万円＋約6万円＝約41万円となりますから、社長さんのセリフは、パワハラ気味であることを除けば正確と言えるんじゃないでしょうか。

詳細な計算や内訳が気になる人は、前ページの**図5**を確認しておいてくださいね。

※ 最強の国営サブスク制度

はーー、そうなんですね。社長は間違っていなかった、と……。でも、会社は41万円も払っているのに、私の手取りは27万程度しかありません。これって、めちゃくちゃおかしくないですか？？？不当です！

いやいや、パンちゃおさんの手取りが27万円程度になるのも、正解だと思いますよ。

社会保険料のうち年金・健康保険・介護保険は会社と従業員で保険料を折半するルールなので、従業員であるパンちゃおさんにも会社と同額の支払いが生じます。

35万円×15％＝52,500円程度が社会保険料として給与から天引きされるわけです。

さらに、源泉所得税と住民税、雇用保険料の本人負担分の合計約3万円が天引きされて、額面35万－5万－3万＝手取り27万円となるわけです。

これも、具体的な数値や内訳については**図5**を確認しておいてください。

へぇ。じゃあ……社長は悪くなかったんですね。

まぁ、金額は合っていますね。パワハラ気味なのは、大問題ですけど。

それなら、会社が払っている約41万円と、私の手取り額の約27万円の差額の約14万円は、詳しくはよくわかりませんけどいろいろな保険会社さんに支払われている、というわけですね。

あ、違いますね。**支払い先は国と地方自治体及びその関連団体（以下、国など）**です。

えっ??

》》図6　給料支払時の流れ

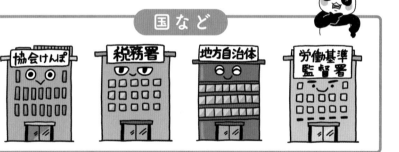

会社

入金額　142,644円

　従業員預かり分　84,792円
　会社負担分　　　57,852円

入金額　265,208円

　給与額面　　　　　　350,000円
　税及び社会保険等　△84,792円

会社負担　△407,852円

　給与　　　　　　　　△350,000円
　税及び社会保険等　△　57,852円

だから、国などです。
社会保険料って、**年金保険・健康保険・介護保険・雇用保険・労災保険**の5つの保険の保険料のことを言うんですけど、<u>これらは全部国がやっている保険みたいなものですから、支払い先もすべて国など</u>になります。

会社が41万円の給与を支払おうと思ったら、国などがまず約14万円を天引きで召し上げて、パンちゃおさんは残った約27万円を手取りでもらう、という流れですね。

この辺はすべて、ガチガチに法律で固められていますから、<u>従業員として会社で働いていたら、流れから外れることはなかなかできません。</u>
前ページの**図6**に給与支払時のお金の流れをまとめておきますね。

何という天才的なスキーム！
雇用が生まれたら、自動的にその人の額面給与の35％くらいは国などの懐に入る最強のサブスクモデルを、国などはすでに構築していたということですか？

確かに、そう言われたらそうですね。（笑）
もちろん保険料ですから、失業手当や労災の給付金、あるいは年金を受け取るときなんかには、逆に受け取ることができますけどね。
原則3割負担で、どの病院でも安く医療サービスを受けられるのも健康保険のおかげですし、こういう<u>公的サービスを受けるための料金、という性格もある保険料なので、別に国などに搾取されているわけではない</u>んですけどね……。取りこぼしなく、事前の同意も告知もナシで、うま〜く回収していくなぁと、ちょっと損した気分には僕もなりがちです。（笑）
ただ、もし今後、副業や業務委託で働く人が増えていけば、この給与からの天引きによる税収の安定的な確保も、難しくなるのかもしれません。

なんか、雇用されるのがアホらしくなってきました。うちの社長なんてかわいいもんですねぇ。

（いや、パワハラはかわいくはないと思いますが……この人、情緒どうなってるのかな？）
まぁ、国側の立場に立てば、税収を確保するために徴収方法を工夫して、効率化することも重要なことなので……。

あ、もう大体わかりました！ いやぁ、この話は社長にも伝えないと。一大事ですね！ では先生、ありがとうございます！

あ、はい……。
（なんだかんだ、社員と社長さんの仲がいい会社なんだろな……）

ま と め

- ●会社が従業員を雇う場合には、総支給額の15〜16％に相当する追加の費用負担をしている（社会保険料の会社負担分）。
- ●社会保険料とは、年金保険、社会保険、介護保険、雇用保険、労災保険の5つの「国営保険」の掛け金のこと。
- ●従業員の手取り額は、給与の額面から源泉徴収税額（地方税［特別徴収］も含む）と社会保険料の自己負担額が天引きされたあとの金額。国などにとっては、非常に便利で強力な財源の取り立て方法。
- ●会社側の支払っている追加費用（社会保険料などの会社負担分）は従業員からは見えないので、会社と従業員の負担感にはギャップが生まれがち。「給料分だけ働こう」という従業員の姿勢が、会社の経営者から見ると「ふざけんな、それでは足りん！」となる原因は大体コレ。

·05

友達がこれまで確定申告をしたことがない らしいのですが、逮捕されたりしますか？

質問者	遊び人北島
	28歳男性　独身
	フリースタイル活動家　年収不明

関連動画再生回数
4.5万回

¥ マルサが動くのは脱税額１億円前後から

先生、僕の田舎に「これまで確定申告なんかしたことがない！」と豪語している友人がいるんですけど、これヤバいですかね？逮捕されちゃいます？

え、サラリーマンの方ですか？ それとも自営業？

自営業……、個人事業主なのかな？ その辺は正確にはわかりませんけど、自分で小さなネットショップをやっているみたいです。

あ、それはヤバいやつですね。**サラリーマンならいわゆる「年末調整」が確定申告の代わり**なので、自分で申告したことがない人も多いですけど、自営業や個人事業主で確定申告していないのはアウトです。
ただ、逮捕まではされないと思いますよ。

逮捕されないなら、セーフですね。

いや、アウトやろ！（類は友を呼ぶ系の返し！・笑）
まぁ、脱税金額が1億円を超えてくるようなレベルではないですよね？

1億っ‼　あいつがそんなお金持っているわけないですよ。
めっちゃ貧乏です。毎日、缶チューハイ飲んでますし。

……そうしたら、逮捕は大丈夫だと思います。
脱税で逮捕されるのは刑事事件として告発された場合で、国税局の査察部、「マルサ」が担当するような事案になるんですね。このマルサが動くかどうか、判断されるときの相場が脱税額1億円くらいだと言われています。
ただ、1億円に満たない場合でも摘発される事例もあるので、あくまで目安として考えたほうが安全ですけど。

¥ 逮捕はされなくてもペナルティはある

逮捕はないのか……悪運の強いやつですね。
でも、罰は与えてやってください。

もちろん罰則、つまりペナルティはありますよ。
まず、そもそも払わないといけなかった「本税」という金額に対して、50万円までは15％、50万円を超えたら20％、罰金相当の「**無申告加算税**」が発生します。
図7も見ておいてください。

》図7　無申告加算税のまとめ

条件	無申告　加算税割合
自主的に期限後申告をした場合	5％
〜50万円までの場合	15％※
50万円〜を超える部分	20％※
隠ぺい、または仮装など悪質な場合	40％

※調査通知以後、調査による決定を予知してされたものでない場合は10％と15％

税金を本来20万円払わないといけなかった場合なら、20万円×15％＝３万円で、罰金の３万円と合わせて23万円払わなきゃいけないと。
よしよし。でも、まだあるでしょう？ こんなもんではないでしょ？

（何か変な期待をされている……）
さらに、本来の納期限から実際の納付日までの期間日数分、「**延滞税**」が発生します。
原則は納期限の翌日から２ヶ月経過するまでに納付する場合は税率7.3％、２ヶ月を超えると税率14.6％が、本来払うべきだった税額に対してかかってきます。
ただ最近は、この延滞税については銀行の貸出金利をベースにした割合が適用されていることから、２ヶ月までは税率２％ちょっと、２ヶ月を超える場合でも９％程度になっています。

こっちは利息みたいなもんですかね。できれば、もっと高い税率で罰してやってほしいもんですが。

（おもろいな、この人、一体何のために相談しにきたんやろ？）
ほかにも、悪質な場合は税率40％の「**重加算税**」とか、「**不納付加算税**」、「**過少申告加算税**」など、さまざまな恐ろしげなペナルティが用意されていますよ。
図8にまとめてあるんで、詳しく確認したい方はそちらをチェックしておいてください。

いいですね〜。

ただ、滞納や無申告を税務調査や追徴課税を受ける前に自主的に申告すると、無申告加算税が５％で済むし、延滞税も軽減されるんです。

えっ、どういうことですか？

》》図8　加算税の種類

名称	課税要件	課税割合 （増差本税に対する）	不適用・割合の軽減	
			要件	不適用・軽減割合
過少申告加算税 （注1~3）	期限内申告について、修正申告・更正があった場合	10% -------- 期限内申告税額と50万円のいずれか多い金額を超える部分（※） 15%	・正当な理由がある場合 ・更正を予知しない修正申告の場合（注4）	不適用
無申告加算税 （注1・3・6）	①期限後申告・決定があった場合 ②期限後申告・決定について、修正申告・更正があった場合	15% -------- [50万円超の部分] 20%	・正当な理由がある場合 ・法定申告期限から1月以内にされた一定の期限後申告の場合	不適用
			更正・決定を予知しない修正申告・期限後申告の場合（注5）	5%
不納付加算税	源泉徴収等による国税について、法定納期限後に納付・納税の告知があった場合	10%	・正当な理由がある場合 ・法定納期限から1月以内にされた一定の期限後の納付の場合	不適用
			納税の告知を予知しない法定納期限後の納付の場合	5%
重加算税 （注6・7）	仮装隠蔽があった場合	過少申告加算税・不納付加算税に代えて 35% -------- 無申告加算税に代えて 40%	（※の例）修正申告により納付すべき税額　申告納税額250万円　50万円 }15%　100万円 }10%　期限内申告100万円	

（注1）国外財産調書・財産債務調書の提出がある場合には5%軽減（所得税・相続税）する。国外財産調書・財産債務調書の提出がない場合等には5%加算（所得税・相続税［財産債務調書については所得税］）する。国外財産調書について、税務調査の際に国外財産の関連資料の不提出等があった場合にはさらに5%加算等する。

（注2）電子帳簿等保存法上の一定の要件を満たす電子帳簿（優良な電子帳簿）に記録された事項に関して生じる申告もれ（重加算税対象がある場合を除く。）については、過少申告加算税を5%軽減する。

（注3）税務調査の際に行われる税務当局の質問検査権の行使に基づく帳簿の提示または提出の要求に対し、帳簿の不提出等があった場合には、過少申告加算税または無申告加算税を5%または10%加算（所得税・法人税・消費税）する【令和4年度改正】。

（注4）調査通知以後、更正・決定予知前にされた修正申告に基づく過少申告加算税の割合は5%（※部分は10%）とする。

（注5）調査通知以後、更正・決定予知前にされた期限後申告等に基づく無申告加算税の割合は10%（50万円超の部分は15%）とする。

（注6）過去5年内に、無申告加算税（更正・決定予知によるものに限る。）または重加算税を課されたことがあるときは、10%加算する。

（注7）スキャナ保存が行われた国税関係書類にかかわる電磁的記録または電子取引の取引情報にかかわる電磁的記録に記録された事項に関して生じる仮装隠蔽があった場合の申告もれについては、重加算税を10%加算する。　　　　　　（出所：財務省HP）

たとえば税務調査で100万円の追徴税額が発生した場合、175,000円〔（50万円×15％）＋（50万円×20％）＝175,000円〕が実質的な罰金である無申告加算税として発生するんですけど、これを税務署に指摘される前に自主的に申告して納税した場合、5万円（100万円×5％）で済みます。
同様に延滞税も軽減されます。

自首した場合には、手心を加えるわけですね。

¥ 逃げ切りはむずかしいので自主的に申告しよう！

先生、脱税者にそんな優しさ不要ですよ。徹底的にやりましょう！

税務署には、せこい脱税や滞納を全部調べてしらみつぶしに摘発するだけの時間も人員も予算もありませんから、多少罰則をゆるくしても、考え直して自分で申告してくれるほうがずっとありがたいんですよ。

は〜。あ、てことは、見つからなければ逃げ切れてしまうかも？

最初の数年は何も言われなかったからと、安易に無申告を選ぶ人もいます。けれど、無申告の場合の時効は5年で、特に悪質と判断された場合は7年になります。
過去を調査することになるので、5年後、事業が成功した頃に駆け出し時の無申告によって社会的信頼を損ねてしまう、なんてことになりかねないので、申告は適正にしておくことをお勧めします。

国税職員も人を見ているので、無申告者や脱税者に対しては念入りに聞き取りするなど、接触時の対応が変わります。何より、追徴税額も大きくなりますから、無申告で放置することはやめたほうがいいですよ！
適正な方法で申告すればいいだけです。

税務署はえげつないですねぇ……。

不安を感じながら生きていくより、さっさと追徴税額を払ってしまって心配から解放されるほうが、今後の仕事でよりよいものをつくったり、稼いだりすることに集中できます。
ご友人には、ぜひ自主的に申告するように勧めてください。

 はーーい……、、、チッ

（これは、伝えへんやろなぁ……ハァ）

まとめ

- 自営業や個人事業主が確定申告をしなくても、金額が小さければまず逮捕まではされない。ただし、税務署に見つかれば追徴課税される。
- 税務調査後に修正申告をした場合と、期限後に自主的に申告する場合とでは、無申告加算税等のペナルティの税率が大幅に違う（自主申告では5％で済むが、税務調査後は最大40％）。
- 脱税にも時効はあるが、無申告期間が長ければ長いほど追徴課税される額も大きくなる。
- 税務調査官の心証や対応も、自主申告か調査かで相当変わってくるので、申告や納税が遅れた場合でも、自主的に申告することをお勧めする。

·06

年収1,000万円の大黒柱1人より、年収500万円ずつで共働きの家庭のほうが生活がラクって小耳に挟んだんですけど、そんなこと、ありえます？

質問者	原イキっ輝（てる）

42歳男性　妻（専業主婦）、
長男5歳、長女3歳　年収1,000万円
大手通信系上場企業の課長
口ぐせは「俺レベルの人間は……」

関連動画再生回数
24.7万 回

¥ たくさん稼げば、税金もたくさん

先生、俺みたいに年収1,000万円クラスの大黒柱が1人の世帯と、共働きで夫婦で500万円ずつみみっちく稼いでる世帯だったら、手取り額ではどれくらい違いがあるんですか？

（めちゃくちゃ嫌われる系の人やな……そして、僕も結構嫌いなタイプやっ）
気になりますよね。では、シミュレーションをしてみましょう。

前提条件として、年収1,000万円の場合については社会保険料控除と配偶者控除のみで計算します。
500万円ずつ夫婦で稼いでいる場合は、社会保険料控除のみで計算しますね。

では、その条件で。

まず年収1,000万円が1人だけの場合、社会保険料を令和4年3月分の保険料額表に当てはめて、計算すると約130万円です。
税金計算に必要な控除として、「サラリーマンの経費」に当たる給与所得控除が上限の195万円。
また、配偶者控除の38万円と、誰でも控除できる基礎控除48万円を考慮して、課税対象の所得金額は589万円になります。
次ページの**図9**にまとめておきますね。

なるほど。ここまでわかれば、**国税の税率は所得税の税率表から求めて、課税所得にかけるだけ**でしたね。
地方税は、確か一律10％ですね？

そうです。**地方税、つまり住民税は原則10％**です。
ネット上でシミュレーションをできるサイトやツールなんかもあるので、読者のみなさんも興味があれば、自分たちの年収で試算してみてください。

ということで、この課税所得589万円を速算表に当てはめると、税率が20％のラインになります。地方税は一律10％で計算して、国税が約75万円、住民税が約58万円と導けます。
よって、額面年収1,000万円から社会保険料130万円と税額133万円を差し引くと、手取りの年額が737万円、月額で見れば約61万円という結果になります。

なお、本当はこのとき**復興特別所得税**もかかってくるんですが、少額なので今回は考慮していません。また住民税の課税所得は別途出さず、所得税の課税所得からそのまま求めています。詳しい方向けのお断りです。

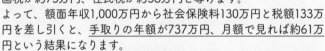

俺レベルの1,000万円プレーヤーでも、手取りは月61万円程度ですもんね〜。
マジ、税金高いですよね〜。富裕層も大変ですよ！

》》図9　税額計算（年収1,000万×1人）

給与収入
1,000万円
①

給与所得控除
195万円

給与所得
805万円

社会保険料　130万
配偶者控除　38万
基礎控除　　48万
合計　　216万

所得控除
216万円

課税所得
589万円

所得税20%
−
控除額
427,500円
＋
住民税10%

税額
約133万円
④

②

給与所得控除額一覧表
サラリーマンの経費相当額　　　　　　　　　　　　　　　　（※令和2年分以降）

給与等の収入金額 （給与所得の源泉徴収票の支払金額）	給与所得控除額
1,625,000円まで	550,000円
1,625,001円から　1,800,000円まで	収入金額×40%−100,000円
1,800,001円から　3,600,000円まで	収入金額×30%＋80,000円
3,600,001円から　6,600,000円まで	収入金額×20%＋440,000円
6,600,001円から　8,500,000円まで	収入金額×10%＋1,100,000円
8,500,001円以上	1,950,000円（上限）

計算式は……　　　　　　所得控除 216万円
1,000万円−**195万円**−（**130万円**＋**38万円**＋**48万円**）＝**589万円**

年収　　給与所得控除　　社会保険料　　配偶者控除　　基礎控除　　課税所得

所得税税率表速算表　　　③　　　　　　　　　　　（※平成27年分以降）

課税される所得金額	税率	控除額
1,000円から1,949,000円まで	5%	0円
1,950,000円から3,299,000円まで	10%	97,500円
3,300,000円から6,949,000円まで	20%	427,500円
6,950,000円から8,999,000円まで	23%	636,000円
9,000,000円から17,999,000円まで	33%	1,536,000円
18,000,000円から39,999,000円まで	40%	2,796,000円
40,000,000円以上	45%	4,796,000円

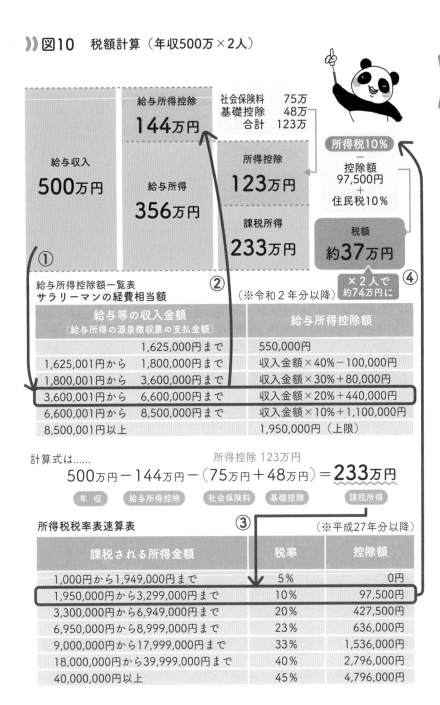

図10　税額計算（年収500万×2人）

給与所得控除 **144万円**

社会保険料　75万
基礎控除　48万
合計　123万

給与収入 **500万円**

給与所得 **356万円**

所得控除 **123万円**

課税所得 **233万円**

所得税10％
－
控除額 97,500円
＋
住民税10％

税額 約**37万円**

×2人で約74万に

給与所得控除額一覧表
サラリーマンの経費相当額　（※令和2年分以降）

給与等の収入金額（給与所得の源泉徴収票の支払金額）	給与所得控除額
1,625,000円まで	550,000円
1,625,001円から 1,800,000円まで	収入金額×40%－100,000円
1,800,001円から 3,600,000円まで	収入金額×30%＋80,000円
3,600,001円から 6,600,000円まで	収入金額×20%＋440,000円
6,600,001円から 8,500,000円まで	収入金額×10%＋1,100,000円
8,500,001円以上	1,950,000円（上限）

計算式は……　所得控除123万円

$$500万円－144万円－（75万円＋48万円）＝233万円$$

年収　給与所得控除　社会保険料　基礎控除　課税所得

所得税税率表速算表　（※平成27年分以降）

課税される所得金額	税率	控除額
1,000円から1,949,000円まで	5%	0円
1,950,000円から3,299,000円まで	10%	97,500円
3,300,000円から6,949,000円まで	20%	427,500円
6,950,000円から8,999,000円まで	23%	636,000円
9,000,000円から17,999,000円まで	33%	1,536,000円
18,000,000円から39,999,000円まで	40%	2,796,000円
40,000,000円以上	45%	4,796,000円

（逆に、すがすがしいほどの勘違いとイキリ具合……早く終わせよう）

では、次に夫婦でそれぞれ年収500万円の場合を同様に計算してみましょう。

同じ要領で計算しますので、細かい計算は**図10**を見てくださいね。結論としては、1人あたり社会保険料が75万円、税額37万円で手取額は388万円。これを2人分なので、世帯での手取り額は776万円、月額では約64万円になります。

えっ？ ちょっと待ってくださいよ。

500万円ずつの夫婦共働きのほうが、1人で1,000万円稼いで家計を支えている俺より手取り額が多いってことですか？

月額64万円？ 俺レベルの年収1,000万円富裕層の月額手取額でも約61万円なのに、月3万円とはいえ年収500万の奴らに負ける？

（どんなドラマよりもおもしろい！）

そうです。**年間では500万円共働きのほうが39万円、手取り額が多いですね。**

39万円も!!

な、な、なぜ、こんな感じになるんですか!?

¥ 累進課税は高所得サラリーマン世帯に厳しい仕組み

主な理由は、**年収が高ければ高いほど、所得税の税率が高くなるからですね。図11**の比較表を見てもらうと改めてわかると思いますが、差額はほぼ税金ですから。

》 図11　手取り額比較

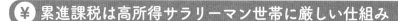

	夫のみ 1 千万円	共働き 500万円	共働き 内訳
給 与 収 入	10,000,000	10,000,000	500万円×2人
税 金	1,330,000	740,000	37万円×2人
社会保険料	1,300,000	1,500,000	75万円×2人
手取り年額	7,370,000	7,760,000	388万円×2人
手取り月額	614,166	646,600	32.3万円×2人

この仕組みがあるので、家族の全体収入を変えずに税負担を抑える方法として、所得を各個人に分散する、という方法が個人事業主や法人の経営者のご家庭ではよくとられるんですけど、サラリーマン世帯の場合はこの方法をとるのがむずかしくて、なかなか抜け道は見つけられないですね。

マジか!! サラリーマンの節税策はあまりないというのは俺も聞いたことがありますけど、それは経費計上ができないからだと思っていました。
だけど、こういう所得分散などの自由度が低いところも、節税がむずかしい理由の1つになっているんですね。

お、さすがに上場企業にお勤めだけあって詳しいですね。

あ、いい抜け道を思いつきました。副業で家事代行会社をつくって、妻に家政婦代を払います！
早速相談だ。どうも、ありがとうございましたっ！

あ、ちょっと！
（行ってしまった。僕の動画経験からすると、奥さんを「家政婦」と呼ぶヤツはもれなく炎上するんだけど……あの人、奥さんに殺されないといいけど……）
まぁ、とりあえずお疲れさまでした！

ま　と　め

- 所得税は、高所得者ほど税率が高くなる累進課税制度を採用しているので、1人で年収1,000万円稼ぐよりも、夫婦2人で合わせて年収1,000万円のほうが、世帯としての手取り額は多くなる。
- 個人事業主や法人経営者の場合は、この仕組みを活用して家族を会社役員にし、役員報酬を出すことで節税する方法がよく使われる。しかし、サラリーマン家庭ではなかなかむずかしい。

·07

先生、給与明細の見方が
全然、まったくわからないんですけど……。

質問者	白石こころがまえ
	22歳男性　社会人1年目
	年収300万円　元バイトリーダー

関連動画再生回数
35.2万回

¥ 毎月もらうのに見方は結構むずかしい!?

単刀直入にお願いしますが、**給与明細の見方**を教えてください。

OKです。確かに、給与明細をあんまり見ない、という人は多い
ですね。
ぜひ、一緒に見ていきましょう。

よろしくお願いします。

図12にサンプルを掲示しました。給与明細の書式は会社によって
も違うのですが、書かれている項目は大体どこでも同じです。

》》図12

給与明細書

令和5年4月分
所属：REBFLEET税理士事務所　　ID：00001　　　　氏名：じてこ

❶勤務実績　❷収入項目

出勤日数	基本給与	職務手当	通勤手当	時間外手当	家族手当	資格手当	支給金額
20	320,000	20,000		10,000			350,000

住民税	(源泉)所得税	健康保険	介護保険	厚生年金	雇用保険		控除金額	差引支給額
20,900	8,140	18,522	3,240	32,940	1,050		84,792	265,208

❸控除項目　　　　　　　　　　　　　　　　　　　　　　　　❹差引支給額

まずは大きく分けて、❶勤務実績、❷収入項目、❸控除項目、
❹差引支給額となっているケースが多いと思います。
ここまではOKですか？

大丈夫です。

では、会社から給与明細をもらったら、まず❶勤務実績について
確認しましょう。勤務時間、特に残業時間や休暇日数が間違って
いないか、チェックしてくださいね。
会社によっては勤怠管理を給与系とは別のシステムで行っている
ので、転記もれが発生することがありますから。

なるほど。そういう観点で見ていくんですね。

そうです。システムが連動している部分は間違いが発生すること
はあまりないんですが、人間が入力する部分については、基本的
に時々ミスが生じるものだと思ってください。どんなに有能な経
理の方でも、人間ですからね。

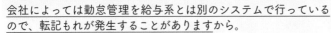

続いて、❷収入項目です。こちらは**基本給と各種の手当関係で**すね。

もらえる手当の種類は、会社によって違います。自分がもらえる権利のある手当が、きちんと規定通りに支給されているかを毎月確認してください。自分の会社にどんな手当があるのかは、就業規則で確認できるはずです。

また、昇給や結婚、出産、転勤などで変化が生じた際には、変化が適切に反映されているかを確認してくださいね。

基本給と各種手当の合計が、「支給金額」に示されています。

わかりました。

¥ 税金と社会保険も慣れれば簡単

続いて、一番わかりづらいのは❸控除項目でしょう。
ざっくりと**税金と社会保険関係**です。

そうなんです。ここが理解できなくて、金額が合っているのかどうか判断のしようがありません。

ですよね。まずざっくりとお伝えすると、**税金は地方税である住民税と、国税の（源泉）所得税とに分かれて記載されています。**次に、**社会保険は健康保険と介護保険、厚生年金と雇用保険の4つに分かれて記載されています。**

このうち介護保険は40歳以上のみです。また社会保険にはほかに労災保険もあるんですが、これは会社が100％負担するので、従業員の給与明細には記載されません。

ふむふむ。それぞれ細かい説明をされてもわからないので、大まかな説明で、かつ損をしないような見方を教えてください。

なるほど。わかりました。（笑）
では、まず税金については国民の義務ですね。所得にかかる税金
として、主に所得税と住民税が課税されます。

住民税は、市からもらっている通知書通りかどうかをチェック。
1回チェックしたら、毎月チェックする必要はありません。
（源泉）所得税の金額については、多少間違っていても、最終的
に年末調整で調整可能なので、毎月の給与明細では神経質にチェ
ックしなくても大丈夫です。

こんなに取られているんだー、くらいに見ておけばいいですかね。

はい。で**社会保険は、国などが運営している保険**だと思っても
らえばOKです。
国民の最低限度の生活を担保するために、国が強制的に加入させ
る保険で、加入者で相互に助け合うようになっています。
厚生年金、健康保険、雇用保険、介護保険で、それぞれの目的ご
とに財布を分けているイメージです。

なるほど？ 医療費を支え合うための健康保険の財布、将来働けな
くなったときなどのために積み立てている年金の財布、みたいな
イメージですか？

それくらいの理解で十分でしょう。
厳密に言えば、年金は積立方式ではなく賦課方式という方法を採
用しているので、加入者どうしの相互の助け合いという表現は微
妙に違うんですが、大枠としてはその理解で問題ありません。
これらの社会保険の金額は、合計金額が額面金額の15％程度にな
っていれば、合っていると考えて大丈夫だと思います。

図12の例では額面35万円ですから、35万円×15％＝52,500円で
すね。
健康保険18,522円、厚生年金32,940円、雇用保険1,050円の合計
52,512円だから、大体合っていますね。

ちなみに、雇用保険って何のために払っているんですか？

主には会社を辞めたとき、申請すれば失業手当をもらえる保険ですね。
ほかにも傷病手当金とか、ハローワークでの求職サービスやスキルアップのための研修サービスなど、細かくいろいろとカバーされています。

なるほど。それは大事ですね。

これらの税金と社会保険料は、**毎月の給与から会社が天引きして、従業員の代わりに国に収めることになっています。** そのため、この2つの合計額が「控除金額」として示されています。

最後に、❹差引支給額ですね。こちらは**実際の手取り額**になるので、この金額が指定の銀行口座に振込入金されているかを確認すれば、給与明細のチェックは完了です。
ちなみに、支給金額から控除金額を引けば、差引支給額になりますよ。

ということで、ざっくりとした説明でしたが、理解できましたか？

スッキリ解決しました。すごくわかりやすかったです！

ま と め

- 給与明細を見るときには、①勤務実績、②収入項目、③控除項目、④差引支給額の4つの大枠で数字を把握すると、理解しやすい。
- 毎月定額のところや、会社の経理事務上、システムで連動している部分はさらりと目を通すレベルにしておいて、人間の手が介在するような部分を中心に見ていくと、ミスを発見しやすい。
- 年度の開始月など、基本給や手当が変わるときには少し細かくチェックするのがお勧め。

最近、「ニーサ」とか「イデコ」をやると オトクだ、という話をよく聞くんですが、 正直あまりわかっていません！ どういう制度ですか？

質問者	木村にでーこ

32歳　女性　独身　税理士法人勤務
金融周りの知識に貪欲

関連動画再生回数
27万回

¥ 株や投資信託をオトクに売買できるのがNISA

NISA（ニーサ）とか**iDeCo（イデコ）**など、外国語っぽいオトクな制度が最近できているとよく聞くんですが、ごちゃごちゃしていて意味不明なので、噛み砕いてポイントだけ教えてもらえませんか？

確かに複雑ですよね。制度もよく変わりますし。
ご希望通り、ざっくりと説明しますね。
まず、**証券口座**は持っていますか？

SBI証券の口座はつくりましたけど、まだ何も触っていないです。

了解です。では、そもそも証券口座って、何をするためのものかはご存じですか？

株を買ったり売ったりするための口座、ですよね？

その通りです。
お金を預けたり、引き出したり、積み立てたりするには銀行口座が必要ですね。
同じように、会社の株を買ったり、売ったりするには、証券口座が必要なんです。

そこまでは理解できます。

素晴らしい。もし、読者の方でこれから株を売り買いしてみたいという人がいたら、まずは証券口座を開く必要があるわけです。
ちなみに証券口座では、企業の株以外にもいろいろな商品が売買できますが、最初はシンプルに株だけで考えていきましょう。

さて、にでーこさんが実際に証券口座で取引を行おうとすると、**一般口座、特定口座、NISA口座**のどの口座で取引を行いますか？と証券会社のウェブサイト上で聞かれると思います。
証券口座に入金すると、「預り金」という財布にいったんお金が入れられるんですが、株を買ったあとは、株を入れておく財布が3つに分かれているイメージです。
実際には電子データだけの取引なので、物理的な財布はもちろん存在しませんが、そんなイメージで考えてみてください（**図13**）。

大丈夫です。イメージできています。

で、この3つの財布のうち、**NISAという財布に入れた株は、売買して利益が出たときや配当金をもらったとき、本来かかるはずの税金がかからないのですごくオトクだよ**、というのがNISAという制度のキホンです。

≫図13　証券口座イメージ

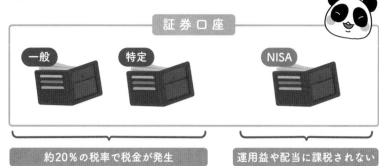

ほかの一般口座や特定口座の財布に入れた株には、売買して利益が出たり配当をもらったりしたときに約20％の税金が発生するのに対し、NISAの財布なら税金がタダなのですから、この差は大きいですよね。
100万円の運用益が発生した場合なら、本来払うべきだった20万円の税金をまったく支払わずに済むので、めちゃくちゃラッキーです。

なるほど、それはだいぶオトクですね。
財布が分かれているイメージもわかりやすいです。

表現が合っているかどうかわからないのですが、僕はそのイメージで捉えていて、株に投資するたびに長期保有目的のものはNISAの財布に、短期トレード目的のものは一般か特定の財布に入れて、運用するようにしています。

そのトレードの話も聞きたくなりますね。

いや、めちゃくちゃ負けているので勘弁してください。（笑）

¥ NISAの中でも、一定の投資信託に自動で投資するのがつみたてNISA

じゃあ、関連して「**つみたてNISA**」って何のことですか？
この言葉もよく聞くのですが……。

端的に言えば、**毎月一定額を、さっき説明したNISAの財布での
投資に回しましょう、という制度**です。
NISAの財布ですから、その結果得られた運用益などにも税金がか
からないようになっています。
あらかじめ一定の預り金を証券口座に入れて設定しておくと、毎
月、自動的に決められた銘柄を買ってくれます。銀行口座とうま
く連携させれば、証券口座への入金も自動で行うような設定も可
能ですよ。

ただし、つみたてNISAでは買える銘柄は一定の**投資信託**に限られ
ていて、何でも買えるわけではありません。
それぞれの金融機関があらかじめ用意している投資信託から選ん
で投資することになりますから、自分が投資したい投資信託をち
ゃんと用意している金融機関でNISA口座を開設することが必要で
すね。
だいたいの証券会社であれば、満足できる選択肢が用意されてい
ると思いますが、銀行などでは満足できるだけの選択肢がない場
合も多いようです。
図14も確認しておいてください。

へえ〜、結構違うんですね。

つみたてNISAは、投資初心者や手間なく長期的に運用したい人に
向いているNISA、と言えるでしょう。
一方で、積み立てではなく自分の判断で個別の会社の株式を買っ
たり売ったりしたい場合には、一般のNISAの財布で運用します。
手間とリスクが発生しますが、運用の手腕次第では短期的に大き
な利益を得られる可能性もあります。

》》図14

つみたてNISA／つみたて投資枠と一般NISA／成長投資枠（個別銘柄）

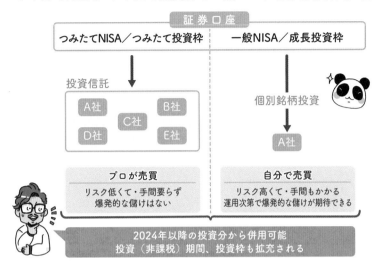

なるほどです。

加えて言うと、実は**2024年からNISAの制度は大きく拡充される**ことになっていて、これまではNISAの財布に入れておけるのは原則5年まで、という制限があったのですが、それが<u>無期限に延長されます</u>。
一生のうちにこの金額まで、1年ではこの金額まで、といった上限はあるんですが、その金額も<u>それぞれ1,800万円、360万円とかなり大きな額が設定された</u>ので、従来のNISAよりもめちゃくちゃオトクになっています。
長期的な投資で老後資金をつくるのにも向いていますし、正直、**投資や運用を考えていて資金に余裕があるなら、利用しない手はないでしょうね。**

そんなにオトクなんですね。じゃあ、私も始めてみようかな。

あくまで余裕資金があれば、の話ですが、お勧めできます。

¥ iDeCoは年金

じゃあ、同じような感じでいつもセットで話に出てくるiDeCo（イデコ）って何ですか？

iDeCoはズバリ、年金です。社会保険の公的年金に加えて、老後の生活資金をiDeCoでも積み立てましょう、という趣旨の制度です。

国としては、公的な年金だけだと将来、金額が足りなくなるかもしれないので、国民個人でも備えてほしいんでしょうね。
こちらも**積立額が所得控除に使えて、その分、所得税や住民税が安くなる**ので、銀行で定期預金の積み立てなどをするよりずっとオトクですよ、というものです。
つみたてNISAと同様に個別株ではなく投資信託で運用し、その運用益についても非課税です。

すっごい、わかりやすいです。
で、実際のところ、iDeCoも活用したほうがいいんですか？

これは僕の考えなんですけど、**お金に余裕がある人ならやってもいい**、くらいですね。
逆に言うと、**そんなに余裕がない人は、NISAはともかくiDeCoはやらないほうがいい。**
もう少しお話する時間があるなら、背景も話すとより理解が深まると思うのですが……。

ぜひ、お話聞きたいです！

では次の項目では、NISAやiDeCoをやるべきかどうかをどんなポイントで判断すればよいか、じっくりお話ししますね！

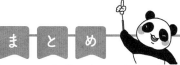

ま　と　め

- NISAは、証券口座に入金したあと、財布が分かれているイメージで考えるとわかりやすい。
- NISAの財布で買った株などを売買して利益が出たり、配当をもらったりしても、そこに税金がかからないのでオトク。
- 一定の投資信託に、NISA口座内で積み立て投資できるのがつみたてNISA。2024年からは、NISAの新制度内の「つみたて投資枠」として再編される。
- 2024年にNISA制度が大拡充されると、めちゃくちゃオトクになる。余裕資金があるなら、やったほうがいい。
- iDeCoはプラスアルファの年金制度。老後の生活資金の不足分を自分で積み立てるための制度だが、お金に余裕がない場合にはやらないほうがいい。

09

結局のところ、私はNISAとiDeCo どちらに投資すべきなんですか？

質問者	木村にでーこ

32歳　女性　独身　税理士法人勤務
金融周りの知識に貪欲

▶ 関連動画再生回数
35万回

¥ 政府はもっと株式市場にお金を流したい

では、NISAとiDeCoの続きのお話ですが、なぜ政府がこんなにも税制優遇をしてくれるのか、その理由から解説していきましょう。

一番の理由は、**日本の人って全然投資をしないから**。これは僕もやりがちなんですが、給料をもらったらそのまま銀行の預金口座に放置する傾向があるんですね。少し手間をかけても、定期預金にするくらい。

堅実な国民性もあるのか、投資信託や株式に投資をする人が非常に少ないんです。

国としては、その預金をできるだけ株式市場に流したい。

お金持ちだけじゃなくて、一般的な所得の方にも株式市場に参加してもらって、経済を活性化させたいという狙いがあり、そうした「預金→投資」のお金の流れをつくるために税制を優遇しています。

経済政策の1つみたいな感じなんですか？

政府が行う景気刺激対策で、お金の循環をどう生み出すかが非常に重要な論点になり、その対策方法の1つとして税制は大きな役割を担っているんです。

要は、銀行預金にお金を放置されると日本の経済が回らないから、株式投資を通じて企業にお金を託すように仕向けているってことですね。企業がそのお金で新しい価値をつくり、経済を回していく……。

おっしゃる通りです。

経済全体として、価値やお金が循環すればするほど景気がよい状態になるので、その好循環を生み出すための第一歩として、国は株式市場を通じた企業への投資を増やしたい。
株式市場への投資が増えれば、企業はその資金を元手に事業投資を行うことができるので、新しいサービスや商品、つまり価値を生み出すことができる。
それを日本を含む世界の市場に供給することで、外貨の獲得や日本の消費市場での購買活動が活性化し、企業は儲かる。
それにより、そこで働く従業員の給料アップが期待でき、その従業員はさらに消費や投資にお金を使うことで、経済の好循環が生まれていく……という流れを、政府はつくりたいんですね。

政府は企業に対しても、補助金などを通じて事業投資をするよう働きかけていますが、株式市場への投資を増やすことで、間接的にもお金の循環を生み出そうとしているわけです。
図15も参考にしてみてください。

》図15　経済のお金の流れ ～株式投資からの流れ～

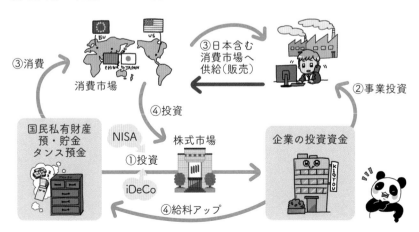

なるほど。確かに、給料がアップしてお金がたくさん入ってくる循環になっているのであれば、みんなハッピーですね。

¥ 複雑なNISAの制度は、目的別に分かれていると考えればスッキリ

と、まぁそういう理由というか狙いがあって、個人の運用ハードル、投資ハードルを下げるためにNISAが創設されました。

ただ、税金を安くするから投資してください、ということだけでは、なかなか投資が進まなかったんですよ。
そこで、投資をする目的を明確化させたのが**つみたてNISA**や**ジュニアNISA**です。

目的の明確化、というと？ どういうことですか？

投資運用という選択肢（新たな支出）を促しても国民の反応が鈍かったので、「すでに払っているお金の運用先を変えてみては？」という発想で誕生したのがつみたてNISAなんです。
預金とか貯金はみなさん、すでにしていますよね。定期積立なんかで、自動的に定期預金にお金を貯めている人はたくさんいます。その延長線上で、定期預金ではなく投資信託にお金を積み立てませんか？ とアプローチを変えたわけですね。

多少のリスクはありますが、ここ20年くらいはずっと低金利でしたから、銀行預金よりはずっと運用効率が高いし、その運用益にも税金をかけません。老後資金不足への対策にも最適です！ と勧誘したわけですね。

おかげで、NISAは少し人気が出ました。
さらに、子供の教育資金や学資保険に目をつけたのがジュニアNISAですが、こちらはあまり人気が出なかったのか、2024年からは新規投資できなくなってしまいます。

なるほど〜。すごく理解しやすいです。
ちょっと複雑な制度ですけど、背景にある政府の狙いとか、目的ごとに財布が設定されていることがわかれば、そんなに迷わなくて済みそうです！

そして、政府はさらにNISAを通じた株式市場へのお金の流れを大きくしようと、2024年からの制度の大幅拡充を決定しました。
それまではNISAでの税金免除は、株や投資信託を買った年から原則5年までという期間限定での優遇でしたし、税金を免除してもらえる限度額もさほど大きくなくて、正直ビミョーに使い勝手が悪かったんですが、**2024年からは期間は一生涯、限度額も1人1,800万円まで**とかなりの大盤振る舞いをしてくれることになっています。
この制度拡充で、今後、NISAはかなり人気のあるお金の振り向け先になるだろう、と言われていますね。

それは、ちょっと期待しちゃいますね。1,800万円も無税で投資できるなら、私の場合はその金額内で全部済んでしまいそうです。

そういう人が多いでしょうから、<u>実質的な株式投資の無税化</u>とさえ言える大胆な制度改正です。
動画界隈でも「**神改正**」なんてよく言われていますよ。

ちなみに、この制度改正に伴って、つみたてNISAと一般のNISAは合体して、1つのNISA口座になり、その中で「**つみたて投資枠**」と「**成長投資枠**」が分かれる形に一新されます。
それぞれの枠に、年間や一生涯の限度額が設定されますが、成長投資枠でつみたて投資枠と同じ投資信託を買うこともできるので、<u>全部の枠を従来のつみたてNISAと同じように使うことも可能です。</u>
「成長投資枠」のほうがこれまでの一般NISAに相当しますから、こちらで個別株を買うこともできます。

よくわかりました。次は、iDeCoについての説明をお願いします。

¥ iDeCoは民間の年金保険の代わり

iDeCoは制度がちょっと違うとはいえ、これまで国民が別の目的で払っていたお金を、株式市場へ流すために税制優遇する制度、という意味ではNISAとまったく同じです。

老後の経済的な備えとして、民間の「**年金保険**」に入っている人がいますよね。年をとって働けなくなったら、あらかじめ貯めて運用しておいたお金から、定期的に生活費を振り込んでもらうような保険です。まぁ、公的な年金だけでは不安な人が入る保険ですね。

そうした年金保険に支払っていたお金を、公的な制度に回してはいかがですか？ 税金面でも優遇しますよ？ という制度がiDeCoです。国民へのアプローチの仕方も、NISAとそっくりですね。

要は、預金とか貯金以外の方法で、将来のために資産を形成しましょう。わずかな利息で貯金しておくより、投資に回したほうが効果高いですよ。今ならなんと、税金もかからないんです！ と。……まったく同じセールストークなんですねぇ。

¥ やるかどうかは自分の懐具合で決める

まさしく、そんな感じです。
ここまで理解した上で、実際にNISAやiDeCoをするかどうかは、みなさん自身の損得判断で決めたらOKです。**投資は常に自己責任**ですから。
ただ僕の個人的な意見としては、資金に余裕があれば、少しずつやっていくべきだろうな、とは思います。

そうですよね。投資ですから、余裕資金で行うのが鉄則ですもんね。

逆に、**今現在資金に余裕がないのなら、NISAもiDeCoもやるべきではありません。**
お金がないのに、税金が安くなるとか、運用しないと損だ、みたいなセールストークや世間の風潮に惑わされてしまうと、お金がなくてカツカツの生活をしている人が、なぜか大企業に投資しているようなイビツな状態が発生してしまいます。

投資をすれば、税金が安くなるうんぬんの前に、手元からそのお金はいったん消えてしまうんです。解約したり売ったりすれば戻ってくるとはいえ、株式や投資信託など別のものに変わっていますから、現金に戻すには少し時間がかかります。
そうなれば、目の前の生活が脅かされる場面も出てきますし、自分のスキルアップへの教育投資などのほうが長期的には大切なのに、それも満足にできなくなります。
特にiDeCoは、原則として60歳までは資金拘束される制度ですから、お金のない人はしなくていい。

目の前の生活や、自分への投資のほうが大切と。

僕の結論としては、**資金に余裕がある方は、まずはNISAをやってみる**のがお勧めです。初心者の方は、一般NISAや成長投資枠ではなく、つみたてNISAやつみたて投資枠を優先してください。
そして、**さらに資金に余裕があったり、個人事業主や経営者で公的な年金だけでは不安が大きかったりする場合には、iDeCoも検討してみる**、という感じがよいと思います。

残念ながらまだ資金力のない方は、NISAやiDeCoを使った節税を考えるより先に、もっと稼ぐための知識やスキル、ノウハウなどを身につけるためにお金を使いましょう。
節税よりも、自己投資が優先です。

そういうことか〜。その人の資金力や状況によって、NISAやiDeCoを使うべきかどうかは答えが変わるということですね。

そうなんです。たとえば僕自身、公務員時代には多少余裕があったので、将来への備えと節税効果への期待でiDeCoに入りました。その時点では正解だったんですけど、その後、退職して起業し、少しでも資金に余裕があれば自分の事業投資に充てたい状態になりました。（笑）
もう新規での払い込みはしていないのですが、公務員時代に払い込んだお金は60歳まで引き出せないので悔しいですよ。投資資金が足りないときなんかは、あのお金が今引き出せれば……と思うこともよくあります。

このように、同じ人でも状況が変われば最適解も変わるので、この項の話を参考に、最後はみなさんご自身で判断してもらえればと思います。

はーい。めちゃくちゃわかりやすかったです〜。
本当にありがとうございました！

ま　と　め

- ●NISA、iDeCoは、どちらも株式市場へ国民のお金を流し、それによって経済をよくするための制度。人気を高めるために、税制の優遇がされている。
- ●NISAは何度も制度が変わってきたが、今後、2024年に特に大きな改正があり、非常に使いやすい制度になっていると評判。目的別に、いくつかの種類や枠に分かれている。
- ●iDeCoは民間の年金保険の代わりとなる公的制度。積み立てたお金は、60歳までは原則として引き出せないので要注意。
- ●資金に余裕のある方は、まずはつみたてNISAか、2024年以降はNISAのつみたて投資枠での投資がお勧め。さらに資金に余裕があれば、将来の老後資金の加算のためにiDeCoに入ってもよい。
- ●資金に余裕がない場合は、目の前の生活や自分への投資を優先しよう。NISA、iDeCoはお金に余裕ができてから。

インボイス制度が始まるそうですが、これって一体、何のことなんでしょうか？

質問者 吉岡すべりーまん

52歳　男性
妻50歳、長女25歳、次女20歳
エンタメ系グッズ販売
自分をおもしろいと過信している
声が大きい系おじさん

関連動画再生回数
255万回

¥ インボイス番号が記載されている請求書や領収書が「インボイス」

先生！ 最近話題の「**インボイス制度**」を"日本一"わかりやすく説明してちょ!!

（変ないじり方してくるな〜……よく喋るけど、意外にコミュ力は弱めのおじさんって感じかな？）
わかりました。では、さくっと解説していきましょう。
「インボイス制度」をひとことで言うと、税務署が発行する登録番号が記載されている請求書や領収書じゃなかったら、消費税の計算で経費にできる「課税仕入」としては、今後認めませんよ、というお話です。
請求書や明細書のことを英語では「インボイス」と呼ぶことにちなんで、インボイス制度と言うみたいです。

ふむふむ。たとえばワシが事業者の場合で、仕入れをしたときにもらった領収証に登録番号が記載されていなかったら、消費税の計算のとき、その仕入代金を課税仕入にできないからワシが損するっていう話かい？

あ、結構お詳しいんですね。そうです。その通りです。
登録番号が記載されていない領収書は、消費税計算上の経費として差し引けないので、本来は仕入先が負担するべき税金を、仕入れた側が肩代わりして負担するような形になりますね。

》図16

適格請求書（インボイスの登録番号入りの請求書の例）

① 適格請求書発行事業者の氏名または名称及び登録番号
② 取引年月日
③ 取引内容（軽減税率の対象品目である旨）
④ 税率ごとに区分して合計した対価の額（税抜き又は税込み）及び適用税率
⑤ 税率ごとに区分した消費税額等※
⑥ 書類の交付を受ける事業者の氏名または名称

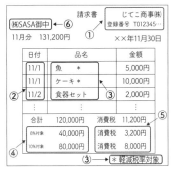

》図17　消費税の計算イメージ

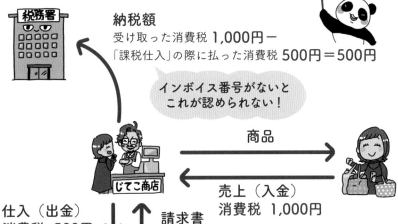

納税額
受け取った消費税 **1,000円** －
「課税仕入」の際に払った消費税 **500円** ＝ **500円**

インボイス番号がないとこれが認められない！

商品

売上（入金）
消費税 1,000円

仕入（出金）
消費税 500円　　請求書

💴 地獄がいっぱいのステルス増税策!?

それやったら、仕入先にインボイスの番号を取らせたらいいだけちゃいますの？

そこが問題の発生ポイントで、小規模な事業者やフリーランスの方を苦しめているんですね。
その登録番号を税務署にもらうには、**課税事業者**にならないとダメだっていう条件になっているからです。

「課税事業者」って何です？

起業したときは事業開始後2年間は消費税が免税されるとか、売上1,000万円までは消費税払わなくていですよ〜、とか聞いたことないですか？ 消費税については、小さな事業者を保護するために、一定の条件下で免税されるケースが結構あるんです。
そしてそれにより、消費税を払わなくていいことになっている事業者さんがたくさん存在しています。

あっ、あるわ、聞いたことあるわ〜。
なるほどね、消費税が免税されていた事業者が、インボイスの登録番号をもらうには課税事業者になって、今後は消費税の納税をしないといけないってことですね？

そうなんです。登録番号をもらわないで免税事業者のままでいることも可能なんですけど、そうなると、もしすべりーまんさんが発注元だったとして、その事業者と今後も取引しますか？
それとも、ほかの課税仕入にできる事業者と取引しますか？

ワシが損するんやろ？ ワシは優しいから、継続して取引をしたいところやけど、かぁちゃんがアカン言うと思うわ〜。
すぐにではなくても、少しずつ課税仕入にできる事業者さんに取引先を切り替えていくやろな。

（奥さんのことを「かぁちゃん」って呼んでいる人、久しぶりに見たな……）

まぁ、そういうことです。圧倒的な力や魅力があって、あなたじゃないとダメなんです！ みたいな事業者さんは稀で、たいていは代替可能なライバルが存在しますよね。

そのライバルの事業者がインボイスの登録をしていて、そこの領収証は課税仕入にできるのなら、**そのライバルの事業者に仕事を持っていかれてしまう危険性は高い**でしょうね。

てことは、インボイスの登録番号をもらって課税事業者になるのも税金が増えて地獄やし、これまでのまま免税を継続したとしても、仕事の発注がなくなる可能性があるので地獄。どっちも地獄みたいな話かぁ。

そうですね。さらに、代替の効かない仕入先がインボイスの番号を取ってくれない場合には、発注元の会社が仕入先分の消費税も負担しなければならなくなるので、これも地獄です。

仕入先、発注元のどちらにとってもマイナスが発生しかねないので、結構問題になっていますね。

反対の声が大きくなったことで、政府もいろいろな**激変緩和措置**を導入していますから、詳しく知りたい方は国税庁のウェブサイトなども確認してみてください。

まあ、大体のところはわかったわ。おおきにな。

まとめ

●インボイス制度は、登録番号を記載した請求書や領収書を発行しましょう！ という制度。登録番号の記載がなければ、消費税法上の経費である「課税仕入」としては、段階的に認められなくなる。

●適格請求書を発行するためには、消費税の課税事業者になる必要がある。これまでは免税を認められていた小規模な事業者も、ライバルとの競争上、課税事業者にならざるを得ない状況に大きな反発が生じている。

第 2 章

えっ!? マジで気になる税金トーク

領収書が経費で落とせたら、
何か得になるんでっか？
それに、経費になるかならんかは、
どうやって決めるんでっか？

質問者	ルート 泉

55歳　家族　妻、子供25歳
日課　大阪京橋の立ち飲み

¥ 経費が増えれば、税金は安くなる

会社で、領収書が経費で落ちるかどうかで経理のお姉ちゃんと揉めたりすることがあるやん。あれ、経費に落ちるとどんな得があるのか、それになんで経費に落ちるもんとそうでないもんがあるのか、ようわからへん。
先生、あんじょう教えてくれまへんか？

（関西弁コテコテパターンか。このタイプのおっちゃんは、細かい論点で話すとすべてに反論してくるから、ざっくりで話さないと事故ってしまうな。気をつけて話そ）
領収書が経費で落ちたら、会社の税金が安くなるんですよ。

会社って、売り上げたお金である「売上」と、商売に使ったお金である「経費」の差額が「利益」になりますね。つまり、「**売上ー経費＝利益**」です。
この利益に対して決まった税率がかかって、税金が決まる、という仕組みです。
だから、経費が増えれば増えるほど、売上から引ける金額が大きくなりますから、利益が少なくなって税金も安くなる。

経費が増えたら、税金はどれくらい安くなるんでっか？

経費に落とした額に、税率をかけた分だけが税金が安くなります。
たとえば10,000円を経費化できたとして、税率が30％だったら
10,000円×30％＝3,000円、税金が安くなります。**図18、19**の通
りです。

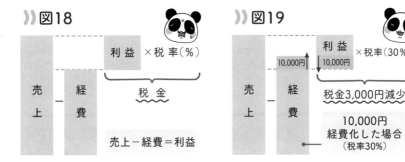

》図18

利 益　×税率（％）

売上 － 経費

税 金

売上－経費＝利益

》図19

利 益　×税率（30％）

10,000円　　10,000円

売上 － 経費

税金3,000円減少

10,000円
経費化した場合
（税率30％）

先生、天才やな。ところで、そもそも「経費」って何でっしゃろか？

💴 自分が請求されたときに、どう思うかで判断する!?

（マジか。このおっさん、根源的なところ掘ってくるな～）
「事業を営む上での費用」＝「経費」とイメージしてもらえばい
いんじゃないですかね。
税金が安くなるので、基本的に会社は経費が増えたほうが嬉しい
んですけど、事業に関係のない費用は経費にできないんです。た
とえば、たばこ代は経費になりませんよね？

なんでやねん。仕事は、喫煙所で生まれんねん。
現場で発生しとるねん！ 立派な経費やないかっ!?

（やってしまった……不用意な発言をしてしまった……）
ま、まぁ確かに、経費って事業の種類や規模によっても基準が違うし、明確な基準もないから経費になるかならないのかの判断はむずかしいんですよ。

でも、そしたら泉さんの会社の仕入先からきた請求書で、細目に「たばこ代」って書かれていたらどうします？

ま、怒鳴り散らかすやろな。認めるわけないやろ。

やっぱりそうでしょ。それが答えですよ〜。
自分が請求されて認められないものは、自分が請求してもたいてい認められません。

ただ、経費になるかならないかを考えるときの基準については、同じ支出でも環境やタイミングによって必要経費になる場合もあれば、ならない場合もあり、一律の基準を設けるのが非常にむずかしいのは確かですね。
だからこそ、経理の方との間で、経費に落とすかどうかのせめぎあいが生まれたりするんです。

とはいえ、先ほども言いましたが感覚的に取引相手に請求されたら自分がイヤなことは、自分が請求したときにも経費としては認められない、という基準を僕はお勧めしています。自分の支出を客観的に見られますからね。

なるほど。確かに、仕入先が自分の友達と飲みに行った飲み屋の領収証を持ってきて、経費として清算してください、なんて言われたらキレるもんな〜。
いや、これはめちゃくちゃわかりやすい基準ですわ。

経費になるかどうかの判断は、税理士でも慣習や相場観を頼りに判断しているケースが多いんですよ。
国税職員についても過去の事例から判断する場合が多いから、相場観を守っていれば税務リスクは避けることができますね。その「相場観」をセルフチェックするのに、さっきの基準は結構役立つと思います。

ただ、事業の内容をもっとも熟知しているのは社長さんですから、相場感では経費にならない費用でも、その事業にとって本当に必要だと明確に、自信を持って説明できるのであれば、経費にできることもありますけどね。

国税職員の時代に、まじめな人ほど損をするというのを痛いほど見てきたので、過剰に保守的になる必要はないとも思います。

まぁ、いざというときには、ちゃんと税務署の人に説明できるかどうかも大事ってことやな。先生、解説おおきにな。

ま と め

- ●事業を営むために使った費用を経費にできれば、会社は税率の割合に応じて、支払う税金を安くできる。ただし、事業を営むために使ったのでなければ経費としては認められない。
- ●経費になるかならないかの判断はケースバイケースで、明確な基準が設定されていないことも少なくない。自分が請求されて経費として認められない費用は、自分が請求したときにも認められないことが多い、という単純な基準を覚えておこう。
- ●一般的には経費にならないような支出であっても、その事業を営むために本当に必要な支出であれば、経費にできることもある。根拠を説明できることが大切。

「減価償却」って、よく聞くんですけど どういう仕組みっすか?

質問者	居酒屋バイトリーダー鷹^{たか}

25歳　飲食店勤務
いずれ独立したいと思っている

▶

関連動画再生回数
14.2万回

¥ 長く使うものを何年かに分けて経費化する仕組み

「**減価償却**」って言葉を店長から何度か聞いたんですけど、意味がよくわかっていなくて、どういう仕組みなんすか?

俺、ずっと「減価」を「原価」だと思って、原料コストの話だと思っていたんすよ。(笑)
字面からすると、何か損するものなんすか?

(「す」が多いな〜・笑)
なるほど。確かに会話だけだと、「原価」とまぎらわしいですね。

結論から先に言うと、減価償却とは、車とか店舗とかの高い買い物をしたときに、その年に一気に費用として計上せず、その買った資産を使う年数とか、価値の減少に応じて、何年かに分けて費用化してくださいね、というルールに沿った会計上の手続きのことです。

図20にイメージ図を掲載したので、こちらを確認しておいてください。

》》図20

減価償却イメージ図

例 60万円の車を購入した場合
法定耐用年数：6年

← 耐用年数6年 →

| 10万 | 10万 | 10万 | 10万 | 10万 | 10万 |

劣化などによる価値の減少を簿価に反映する

60万円の資産を購入

ふ〜ん、そうなんすね。でも、実際に店舗や車なんかをどれくらいの年数使うかなんて、買った時点ではわからないですよね？

そうそう。だから、不公平が発生しないように、**資産の種類に応じて、何年で償却してくださいって法律で一律に償却年数が決められている**んです。

💴 経費化し切る前に使わなくなったら？

でも、たとえばその年数がくる前に会社が倒産したらどうするんすか？

倒産に限らず、<u>その資産を事業として使わなくなったら、その事実が発生したタイミングで、残っている価値を利益や損失として計上する</u>んですね。
たとえば償却年数が終わる前に店舗を売った場合なら、その売却代金と、まだ残っている店舗の資産価値、つまりまだ費用化できていない金額の差額を「利益」として計上して、その店舗については清算する、という感じです。

あ〜、なるほど……。なんとなくですがわかりました。

減価償却は、たとえば店舗ならその店舗を使って企業は長年にわたり売上をつくっていくので、買ったときの金額から、その年の売上に貢献した分だけ費用化してOKとすることで、**帳簿と実態を合わせる**という考え方で決められているルールです。
ただ、実態とかけ離れているようなところもたくさんありますけどね。

それは、どういうことっすか？

たとえば、建物の場合は、構造などによっては50年間とか70年間とかの長期間にわたって費用化できることがあるんです。でも実際問題、１つの会社が50年とか70年間も事業を継続できることって、稀なんですね。
そうなると、**耐用年数が長い建物の資産価値って、かなりの割合が費用化されることなく、その前に会社自体がなくなってしまう。**

そうなんっすね。
それは、ちょっともったいない感じがしますね。

なくなった会社からすれば、もっと早く全額費用化できていたら、それだけ税金が減らせたはずで、もしかしたら会社も存続できたかも、なんてどうしても思ってしまいそうです。

まあね。ただ、逆に購入金額をすべて費用化できるように、資産購入のタイミングで全額費用化OKみたいなルールにしてしまうと、減価償却費が増えることで開業間もない事業者は確率的にその多くが赤字になっちゃう。
全体で見ると、徴収できる税金が減りすぎてしまうだろうね。

建物などの資産価値が帳簿上からなくなるので、資産を持っている会社を適正に評価できなくなる、という問題も出てきます。

あちらを立てればこちらが立たずと。

¥ 減価償却にはリスクもあるので要注意

どちらにせよ、リアルな経営実態を帳簿に反映させる、というのは非常にむずかしいことで、帳簿上利益が出ているように見えても、実態としては資金が回っていない、なんてこともよく発生するんです。

特に減価償却については、資産購入で実際にお金を払うタイミングと、経費にできるタイミングに時間のズレが生じます。金額も大きなことが多いので、そうした事態の発生源になりやすいから注意が必要です。

そんな状態でも、帳簿上は利益が出ているわけだから税金は発生する?

その通り。そこでさらに税金まで取られると、決定的に資金繰りが悪くなります。

廃業の理由としても、**売上が立たないからではなくて、手元のお金がなくなることで廃業に追い込まれる、というケースのほうがずっと多い**んですよ。
要は、利益は出ているのに、なぜか、口座にお金がない! みたいな状況です。
これが「**黒字倒産**」と呼ばれているやつです。

「黒字倒産」、ニュースとかで聞いたことあるっす。

鷹さんは、結構勉強しているみたいでお金の話に詳しいですね。
じゃあ、「黒字倒産」についても話しておきましょうか?

俺、いつかは独立したいと思っていて、お金や税金についても少しずつ勉強しているんす。ぜひ、お願いするっす!

では、それについては次項で解説しますね。
（やっぱり「す」が多いな・笑）

ま と め

● 減価償却とは、建物・車・パソコンなどの資産を購入した際、その購入代金を購入した年に一度に経費とするのではなく、分割して少しずつ計上するルールや、その手続きのことを言う。

● 分割できる年数は法律で決まっているが、実態と合わないものも多い。

● 資産購入にあたって、代金を支払うタイミングと、経費計上のタイミングにズレが生じるので、その差によって資金繰りが悪化することがないよう注意する必要がある。

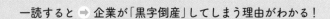

黒字やのに倒産するとか意味不明。
どういう状況なんすか？

質問者	居酒屋バイトリーダー鷹^{たか}

25歳　飲食店勤務
いずれ独立したいと思っている

関連動画再生回数
23.7万回

¥ 儲かっていても、支払いが滞れば会社は潰れる

ということで、黒字倒産についても解説していきますね。

「黒字倒産」って、儲かっているのに倒産するってことっすよね？
さっきの説明でもなんとなくはわかりましたけど、もう少し詳しい解説をお願いするっす。

OKです。
要するに、会社の帳簿上の売上と経費の差額は黒字だけど、実際に受け取った額より支払った額のほうが多くて、手元にあるお金が減っていく現象が発生するんです。
支払額と経費計上額が同じ額だったら問題ないけど、支払額と経費計上額に差がある場合に、この現象が発生します。

え〜っと、びっくりするぐらい意味がわからないんで、もう少し噛み砕いて、詳しくお願いするっす。（笑）

すみません、ちょっと言葉が難しかったですかね。じゃあ、もう少し噛み砕いて。

……えーと、**一般的な「経費」って、実際に支払った額と、経費として帳簿に計上する額が同じ**なんですよ。
たとえば、商売でりんご飴をつくる原料としてりんごを150円で買ったら、支払額も150円ですし、経費の計上額も150円になりますよね？

めちゃくちゃ、当たり前の話っすね。

そう、当たり前。これがふつうの経費です。

でも、**そうじゃない経費もある**んです。その代表が前項で説明した「**減価償却費**」で、たとえば商売用の店舗を1,000万円で買ったとします。この1,000万円をそのまま経費に計上して、代金もすぐに1,000万円支払えばわかりやすいんですけど、実際の取引では往々にしてそうなりません。

不動産などの大きな金額の取引の場合には、ローンを組んで買って、少しずつそのローンを返済する形で購入したり、車や機械などでもリース契約を組み合わせたりするので、その年に支払うのは全体の金額の一部だけになることが多いんです。
その年間返済額が、ここでは仮に100万円としておきましょう。

なるほど。まぁ、そういうことも多そうっすね。

そして、経費に計上できる金額も、購入代金の全額は一度に計上できません。
前項で説明したように、法律で資産の種類ごとに何年間かに分けて経費計上しろ、ということが決まっていますから。

ここでは、その建物の減価償却の法定期間が20年間だと仮定すると、その年に減価償却費として計上できるのは50万円だけです。

さっき教えてもらった通りっすね。覚えています。

そうすると、1,000万円の建物を買って、ローンの返済に100万円支払っているのですが、経費に計上できるのはそのうち50万円だけです。差額の50万円分は、手元の資金が純粋に減少しています。

もし、減価償却を除外したその年の会社全体の利益が帳簿上40万円しかなければ、40万円とはいえ帳簿上は黒字のはずなのに、実際には減価償却費と実際の支払額の差額50万円が手元から消えていくので、10万円お金が足りなくなる、という現象が起こります。

手元のお金が足りないというのは、企業にとって致命的なことなので、銀行などから緊急にお金を借りてくることができなければ、その時点でいろいろな支払いができなくなって実質的に倒産してしまいます。
これが、黒字倒産の簡単なイメージです。

かなりざっくり説明しましたから、細かいところはいろいろとツッコミどころ満載の説明になっちゃいましたけど、おおよそのイメージを掴んでもらうことはできましたか?

あー、はい。なんとなくですけど……イメージは掴めたっす。

🈷 特に創業当初は手持ち資金がなくならないように上手に立ち回ろう

減価償却費の計上額よりも借金返済額のほうが大きいと、表面上は利益が出ているけれど、財布を見たら手元資金がないじゃん！ということになりやすいんですね。
だから、それを知っている経営者は、余裕を持って運転資金の融資を受けられるように走り回ります。

また、特に創業当初の会社はこの状況に陥りやすいので、国も**創業融資制度**なんかをつくってサポート体制を整えています。

こうしたことを知っているか知らないかの差が、結果に大きな差を生み出します。ちゃんと使える制度は活用して、減らせるリスクは減らすようにしてくださいね。

よくわかったっす。減価償却って、場合によっては黒字倒産にもつながるリスクもある要注意ポイントなんすね。
いつか独立するときには、絶対に気をつけるようにします！
ありがとうございました!!

ま と め

- ●黒字倒産は、表面上・帳簿上は利益が出ているけれど、実際には手元のお金がないといった「実態と帳簿の乖離」によって発生する。
- ●こうした乖離を生みやすいのが、ローンを組んでの支払いでの減価償却費と返済費の差額。会社経営ではこの点に気をつけないといけない。
- ●特に創業当初の会社ではこの状態に陥りやすいので、創業融資制度などを利用してリスクを減らし、お金を守るようにしたい。

一読すると ➡ 意外な費用を経費に落とす方法がわかる!

フェラーリを全額経費にする方法が
あるって聞いたんですけど、
それって本当ですか!?

質問者 吉國キザ桜

29歳　会社経営

SNSでバズって、急にお金持ちになった人

あわてて節税対策を考える必要が出てきた

関連動画再生回数

6万回

¥ ふつうは無理です

こんちは。えっと、経営者仲間からフェラーリを全額経費にできる方法があるって聞いたんだけど、そんなこと、本当にできるんですか?

（あやふやな噂話を税務相談に持ち込むこのタイプ、実はめちゃくちゃ税理士に嫌われるんだよな〜）

こんにちは。えーっとキザ桜さん、そういう**断片的な情報は、企業の税務では命取りになることもありますよ。**フェラーリは正直、経費にはなりにくいと思いますが……。

やっぱりですか〜……。

ただまぁ、フェラーリだから、高級車だから経費にできない、というわけではなくて、事業の実態により判断されます。

事業でフェラーリが必要なら経費化も可能ですけど、イキって乗り回したいだけなら経費にはできませんって感じですかね。

そうなんですか？ 実は、僕自身は運転免許を持っていなくて……。

あれっ?? 状況が変わったぞ？
じゃあ、キザ桜さんはそのフェラーリをお仕事でどう使っているんですか？

僕の会社はイベントプロデュース会社です。イベント時に高級車の乗車体験会をやって、自社開催イベントに人を集めるために使用しています。

めちゃくちゃ、ちゃんとしてる。その使い方なら、フェラーリの購入費全額、経費で落とせますよ！

また、顧客を満足させることも大事なんですけど、会社のスタッフの満足度を高めることも同じくらい意識しているんで、予約制を組んで、会社のスタッフにそのフェラーリを1日単位で貸し出して、試乗もできる状況にしているんです。

えっ、さらにちゃんとしている……。その使い方でも、全額経費でオッケーですね。
ただ、万が一、事故が起こったときの保険なんかには気をつけたほうがいいですよ。

ええ、それはそれでちゃんと手当てしてありますので大丈夫です。
で、この状況で、フェラーリの購入代金を全額経費にするために、ほかに何か用意しておいたほうがよいものはありますか？

税金の関係で言えば、福利厚生規定にフェラーリの予約制を書き込むことや、予約システムをきちんと組むこと、運転日誌なども備えつけて記録を取る、などの施策をするとよいですね。

高級車を経費にしようとする場合、やっぱり目立ちますから、税務署もふつうの車より注目して、本当に経費と言えるのか検討するはずです。
形式的な書類や規定を揃えておくだけではなくて、税務調査が入ったときに利用の実態をきちんと説明できるよう、事前に十分準備しておくことが重要ですね。

よく、わかりました。アドバイスありがとうございます。早速、準備を進めるようにします！

（最初はイキってるだけの人かと思ったけど、実はかなりちゃんとしてる人やったな……。見た目や第一印象で人を判断したらあかん、反省や）

ま と め

- フェラーリなどの高級車でも、事業として必要なものであれば全額経費化可能である。
- ただし、目立つので詳しく調べられるのは確実。必要経費であることを税務署に説明できるよう、客観的な資料や規定をしっかり用意しておこう。会社が車を管理していることがわかる資料や、普段の使用状況がわかる資料などを備えつけておくと、スムーズに認定される可能性が高い。

お金持ちの社長さんは、なんで高価な美術品とかを買いがちなんやろね?

質問者	GG近藤

55歳　家族　妻、子供25歳
日課　大阪京橋の立ち飲み

関連動画再生回数
28万回

¥ 節税のための購入の可能性

なぁ先生、金持っとる人は、なんであんなに高額な美術品とかを買うんでっか?
たとえば絵画とか。絵が好きな人が社長になりがちなのか、社長になったら絵が好きになるのか、にわとりと卵の親子丼みたいな話やんな?
ZOZOの元社長の前澤さんとかも、美術品コレクターとして有名やろ?

（……親子丼・笑）
前澤さんはコレクションもそうですけど、若い芸術家の支援者としても有名ですよね。
まぁそれはそれとして、確かに僕も、それは不思議だったんですよね。
税務的な目線で言うと、**減価償却費として経費化可能なものを購入して、節税しているケースは結構ありますね。**

絵が経費になるんでっか?

86

場合によってはなるんですね。たとえば**会社のエントランス、応接室、会議室などに飾る目的で購入した場合には、事業用途になって経費化可能なケースが多い**です。

その絵の金額によっても取り扱い方が変わるんですけど、金額が30万未満の絵画であれば全額を即経費にできます※

で、30万円以上100万円未満なら、法律で決められた年数に応じて減価償却できます。絵画の場合は、通常は8年ですね。

80万円の絵を購入したなら、償却年数が8年ですから「80万円÷8年＝10万円」となって、1年間あたり10万円を経費化できる計算です。

ところが、ここが少し面白いんですが、100万円以上の絵画になると、一般に価値の減少が起きず、逆に時間が経過すればするほど価格が高くなっていくという絵画の特性があるとして、減価償却できなくなります。一部例外はあるみたいですけどね。

減価償却できる資産のことを「**減価償却資産**」と言うんですが、絵画は購入時の値段によって減価償却資産になるかどうかが分かれる資産なんですね。30万円未満と100万円以上の上と下は減価償却資産ではないけれども、真ん中の30万円以上100万円未満は減価償却資産ということで、おもしろくないですか？

いや、税理士の先生の感覚はちょっとわからんけども、そんなら、たっかい絵は経費にはできんわけですな。

ほな、前澤さんが購入しているような何億円レベルの絵画は、やっぱり絵が好きだから買っているということなんやろか？

💰 投資目的や資産分散目的での購入の可能性

絵とかのアート作品が好きっていうのは、実際あるんでしょうね。ただ、**投資の要素もあるんじゃないかな〜、と僕なんかは感じ**ますけど。

ほぉー？　と言いますと？

※通常は10万円以上なら減価償却が必要。少額減価償却資産の取得価額の損金算入の特例を使うことで、30万円未満のものを即経費にすることができる。

お金持ちの方にとって美術品というのは、投資商品としても結構人気があるんですよね。コレクションすることで保有している間は自分も楽しめるし、価値も目減りしにくいし、コレクター同士の人脈づくりといった副次的な効果もある。十分に楽しんで飽きたら、流動性もあるので手放すことも難しくない。しかも、さっきも少し説明しましたが高価な美術品というのは時間経過でむしろ値上がりしていく性質があるので、手放すときには買ったときより高価になっていて売却益まで出ることが多いんです。
加えてお金持ちの方の場合は、もっと儲けたいというよりも、資産をいろいろなものに分散してリスクヘッジしておくために、美術品を買うこともあるみたいですね。
いちばん流動性が高いのは現金で、ほかにも株とか債券とかいろいろありますが、とにかく同じ種類の財産に資産を集中させてしまうと、何か大惨事が起きたときに資産の大部分を失ってしまう危険性があります。それを避けるために、さまざまな財産へと資産を分散させるのですが、その分散先の1つとして美術品はちょうどいいのかもしれません。

なるほどなぁ。まぁ、どっちにしろワシら庶民にはようわからん話やな。ワシはいつでも、ニコニコ現金払いや。

（国税時代を思い出すタイプの人や・笑。現金取引にこだわる人って、比較的、税務署の常連さんになりがちやからね）
あと、絵画などは展示会等のために一時的な貸し出しをすると、レンタル料を得られることがあるので、それを目的に投資をする方もいる、というのは聞いたことがありますね。

そうなんか。投資対象としても値上がるし、持っている間も賃借料を得られるってことは、もはやマンション経営なんかと同じような感じやな。

そういうふうに捉えることもできるかもしれませんね。
しかも、不動産とは違って動産で身近に飾ることができて、自分の応援している画家さん本人とのお付き合いができたり、絵画自体からパワーをもらえたりするんでしょうから、買えるお金があるのなら、悪い投資先ではないんでしょうね。
最初の1つを購入すると、その良さがわかってコレクターになりやすい、なんて話も聞いたことがあります。

まったくわからんな……。ワシはそんな「神々の遊び」には興味ないわ〜。

（「神々の遊び」て・笑）
一般人は消費にお金を使って、お金持ちは投資に使う。たとえば靴やバッグを買うにしても限定品で、使用したものでも中古市場で値崩れせず、高値で取引されやすい、というのは聞いたことがありますね。
お金持ちの方は、別に投資と思ってお金を使っていないのに、結果として投資になってしまう、という環境だったりするのかもしれません。

要は、買うなら高いもん買っとけや、みたいな話やな！

いや、それは少し違うような……。あ、それとお金持ちと経営者ではまた違っていて、経営者の場合には「価値の保存」というよりは「価値の循環」みたいなことを考えることが多くて……。

そうかそうか、まぁようわからん話やけど、先生、もうええわ。ありがとうやで。
なんせ、18時までに店に行かんと、ハイボールが高くなってしまうからよ〜。
ほな〜〜〜。

あ、はい。……行ってらっしゃい……。

 ま　と　め

●社長がよく美術品を買いがちなのは、節税対策という側面もあるけれど、投資として買っているケースが多い。その中でも絵画は値崩れしにくく、コレクター心理を刺激するようで、よく買われている。
●お金持ちは、資産をあらゆる価値に分散して保有することで、資産を減らさないようにリスクヘッジしている。

89

·06

ツレと飲みに行ったときの飲食代金は経費になりますか？

質問者 元祖黒びかり安川

25歳　独身　会社員

SNS運用支援会社　営業

関連動画再生回数
4.5万回

¥ せこい脱税はやめましょう！

ウチの会社の社長に、領収証があったら何でもいいからくれ〜って言われていて、ツレと飲みに行ったときの領収証なんかも渡しているんですけど、これって経費にできるってことですかね？

（これは……たまに見かける、ゆるい脱税パターンな気がするな……）
あー、できないですね。アウトくさいです。
念のため確認しますが、その飲食代はいったん黒びかりさんが立て替えて、後日、会社が清算してくれる仕組みですか？
それとも、最初から会社が負担してくれている？

いやいや、あの社長がそんな気前がいいわけないですよ〜。
完全に僕のお金で飲んでます。あ、ツレと割り勘にするときもありますけどね。

なるほど〜！ アウトですね〜!!
とは言っても、友達と飲食していたからアウトというわけではなく、友達どうしでも仕事に関連した会議をするなどの目的で飲食費を払っているなら、事業に関連した会食ということで堂々と経費にできるんですけど。その辺、どうですか？

全然、仕事じゃないですよ。完全に遊びですよ。

はい、アウト!! 真っ黒すぎですね。
それは、ただただ役員や社員から領収証を集めて、経費計上する形の脱税ですね。国税職員からすると、せこい脱税に分類されます。

思ったより利益が大きくなって、税金を少なくしたくなっちゃったんでしょうかね。

あらら、それはまずいですね。

¥ 調査では指摘されなくても、大体バレている

もし調査が入ると、日時や場所、支払方法などからおそらく脱税だろうな〜とすぐにわかる領収書なんですけど、実は規模感しだいではスルーして終わらせちゃうこともよくありますね。
それぞれの会食が、本当に事業に関連したものだったのか、調査先も言いつくろうので不毛な議論になりがちなんですよ。

税務署レベルの調査では日数にも限界がありますし、1つひとつ精査している人手も暇もないんで。

ただし、**調査官の心証はめちゃくちゃ悪くなる**ので、その部分ではお咎めがなくても、それ以外の部分での調査は超厳しくなる可能性があります。
見つかった場合には、脱税できた金額より追徴される金額のほうがずっと大きくなるから、やめたほうがいいんですけどね……。

あー、じゃあ、社長にそう言っておきます。

（あんまり響いてなさそうやなぁ……）
前にも解説しましたが、**経費に落ちるかどうかの基準には明確なものはない**ので、究極的には、会社として事業に関連する飲食代であることを説明できればOKです。
レシートや領収証の裏にでも、目的や参加者の名前や所属、話した内容などを簡単に記録しておくと、認められやすくなると思います。

社長には、早急にやめるように言ってあげてくださいね！
意外と、周りの経営者もやっているから、なんて理由で、大して悪いことだと思わずにやっているケースもありますし。

承知でーす。

（やっぱり、あんまり響いてなさそうや……）

ま と め

- 知人からもらった領収証や、業務とは関係ないプライベートの食事代などの領収書は、当然ながら経費に計上できない。
- 経費計上した場合には脱税になる。税務調査時にバレるリスクがあるので要注意。また、実際のところ、バレている場合でも経費性の認定に関しての調査が面倒でスルーされることが多いが、その分、心証が悪くなって調査全体が厳しくなることが多い。

4年落ちの中古ベンツを買ったら 節税になるって聞いたことがあるんですが、 これってホントの話ですか？

質問者	元祖黒びかり安川
	25歳　独身　会社員
	SNS運用支援会社　営業

関連動画再生回数
60.8万回

¥ 中古車に関する特別ルールを使った節税策

> もう1つ質問させてください。ウチの会社の社長が、これも節税対策ということで「**4年落ちの中古ベンツ**」を探していたんですけど、一体どういう節税策なんでしょうか？
> どの程度効果があるものなのか、教えてもらいたいでーす。

とにかく税金を払いたくない社長さんみたいですねぇ……。

結論から言うと、新車を買うと減価償却しなければならない資産になるのですが、**4年落ちの中古車を買うと、その買った年度に一括で経費化できる、というルールがあるので、その違いによって節税効果を期待できるんです。**

たとえば、期首に4年落ちのベンツを300万円で買ったら、その年にほぼ全額が経費になります。
しかしこれを新車で買っていた場合、新車の法定耐用年数は6年なので、300万円÷6年＝50万円で、毎年50万円ずつしか経費にできません。

50万円経費にできるか、300万円経費にできるかを比べれば、当然、短期的な節税効果は300万円経費にできた場合のほうが高いですから、同じ300万円くらいの車を買うのであれば、4年落ちの中古車を買ったほうがいい、ということになるわけですね。

ただ、**新車でもいずれは経費化されて、長期的に見たら節税効果はなくなる**のですが……。
図21も見ておいてください。

》**図21**　　　新車購入時との節税効果の比較

	1年目	2年目	3年目	4年目	5年目	6年目	6年合計
中古ベンツ 300万円	300万円	0	0	0	0	0	300万円
新車 300万円	50万円	50万円	50万円	50万円	50万円	50万円	300万円

※実効税率30％が6年間継続したと仮定し、新車国産車と中古ベンツを比較した場合

節税効果	1年目は、新車国産車と比べて、中古ベンツでは250万円（300－50）に税率30％をかけた75万円分の節税効果が期待できる。しかし、2年目以降は中古ベンツのほうは経費がなくなり、6年後には節税効果もなくなる。

¥ いろいろな条件に合う車種として、ベンツに落ち着く

それは、4年落ちじゃないとダメなんですか？
5年落ちとかでは？

4年落ちじゃなくても、<u>4年以上だったら買ったその年に一括での経費化が可能</u>です。
厳密に言えば、ちょっとだけ複雑な計算ルールがあるんですが、4年以上の場合は、購入代金のほぼ全額がその年に一括経費計上できるのは変わりません。

なるほど。車種はベンツじゃないとダメですか？

<u>ベンツでなくても大丈夫</u>です。ただし、中古市場で値崩れしないものを選んだほうがよくて、その意味で、ベンツは値崩れがしにくい車種ということで人気なんでしょう。
加えて、ベンツは高級車の中でも比較的流通量が多いこと、また経費としてすでに認められている事例がたくさんあるので、**税務署から否認されにくい**という理由でも選ばれやすいようです。

中古市場で値崩れしない中古車を選ばないといけないのは、なぜですか?

<u>節税目的の場合、その購入金額が大きいほど節税効果も高くなるから</u>、と考えてもらっていいと思います。
一括経費計上するには4年以上経過している必要があるので、4年落ちの時点で価格も安くなっているコスパのよい車を選んでしまうと、節税効果も低くなってしまうのです。
だから、4年以上経過している車両の中でも、比較的価値が高く維持されたままで、仕事で乗るのにも相応しい車両という条件で、ベンツが選ばれがちなんだと思います。

<u>もちろん値崩れしにくい（リセールバリューの高い）車であれば、売却時や次の車両に買い替えるときにも、有利になりますしね。</u>

💴 一番オトクなタイミングで買うのがむずかしい

そういうことか～。
でも、買ったときには節税になっても、次の年以降は経費がなくなってしまうんなら、意味がないんじゃないですか?

そうなんですよ。帳簿上は資産価値がないのに、実際は売れる資産を持っているということで、いわゆる「**簿外資産**」を持っていることになるんですよね。
資金繰りが悪化したときなんかには、そうした簿外資産を売却することで現金を入手できるメリットはあるのですが、<u>売却益が出るので、タイミングをよく検討しないと逆に税金が高くなってしまう可能性もあります。</u>

……ということは、儲かった年に4年落ちのベンツを買って節税して、利益が出なかった年に売ってしまえばOK?

するどい！ それが理想的ですよね。
でも、残念!! 理屈はそうなんですけど、たとえば個人事業で12月
ギリギリに今年は思ったより儲かりそうだとわかって、4年落ちの
ベンツを300万円で買ったとしても、もう12月ですから300万円の
12分の1の25万円しか、その年の経費にできないんです。

利益のシミュレーションが事前に適正にできている会社さんなら、
たとえば半年くらい経過した時点で超過利益を予想して買うこと
はできるでしょうが、それでも半年ですから節税効果は限定的に
なりますね。

そうなんですか!?
それなら、あまりメリットはないんじゃないですか？

そうですねぇ。まぁ、<u>タイミングを見計らうのがむずかしい</u>って
感じですね。
来年度は絶対に儲かるのがわかっているようなケースであれば、
年初に買うことで、短期的なものですが節税効果をフルに享受
することもできます。

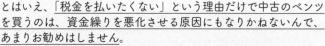

とはいえ、「税金を払いたくない」という理由だけで中古のベンツ
を買うのは、資金繰りを悪化させる原因にもなりかねないんで、
あまりお勧めはしません。
単純に現金の動きだけを見ると、購入資金にまず300万円かかり
ます。
全額の経費化によって、節税効果で税金が100万円ぐらい減税さ
れるとしても、資金の動きだけ見ると、100万円の税金を払わなく
済むようになったものの、300万円の支出は発生しているので、
差し引き200万円多く手元の現金がなくなっているんですよね。

なるほど、確かにそうですね。
利益も減り、お金も減り……えっ……何が得なのか、わからなく
なってきました。

だから、あまりお勧めしないわけです。
ただ、ベンツという資産は残りますから、この車両に事業上の使
<u>い道があるのであれば問題ないと思うのですが</u>、**節税の観点だけ**
だと、期待外れになる可能性が高いですね。

じゃあ、節税効果としてはほぼない、と理解してもいいですかね？

繰り返しになりますが、短期的な節税効果はあるので、うまくタイミングを計れるなら効果はゼロではありません。でも、どちらにしろ長期的には効果はゼロになります。

あとは、売却するタイミングで売却益が出て、そこでも税金がかかるので、売り時や買い替えについても、損をしないよう慎重に検討していく感じになるでしょうね。

そっか。売り時もむずかしいわけですね。

所得税率が高率に変わる所得に達している場合に、課税所得金額を減少させるために購入して、次年度以降で税率が低くなったタイミングで売却すると効果的ではありますが……。
図22のようなイメージです。ただ、その所得の予測がむずかしいんですよね。

≫図22　　税率の階級を下げる効果

【購入時】

※300万円経費化できたことで税率を10％に下げることができた

税率20%
所得570万

税率10%
所得270万

課税される所得金額	税率
1,000円から1,949,000円まで	5%
1,950,000円から3,299,000円まで	10%
3,300,000円から6,949,000円まで	20%
6,950,000円から8,999,000円まで	23%
9,000,000円から17,999,000円まで	33%
18,000,000円から39,999,000円まで	40%
40,000,000円以上	45%

【売却時】

税率10%
所得200万

税率10%
所得300万

100万円で売却しても税率が変わらない。

課税される所得金額	税率
1,000円から1,949,000円まで	5%
1,950,000円から3,299,000円まで	10%
3,300,000円から6,949,000円まで	20%
6,950,000円から8,999,000円まで	23%
9,000,000円から17,999,000円まで	33%
18,000,000円から39,999,000円まで	40%
40,000,000円以上	45%

※一部、控除額部分は省略

その予測は、税理士さんにはお願いできないんですか？

あまり期待しないほうがいいでしょうね。お願いすれば、売上予測ができるサイトやツールなどを使って、試算くらいはしてくれると思いますが……。

まぁ、確かにそうですよね。
過去の情報は共有していても、今期や来期にどれくらいの売上が予定されているかまでは、税理士さんと共有していないことがほとんどですし……。

結論、取り扱いや購入のタイミングを計るのが意外とむずかしいものなので、その中古ベンツが本当に必要かどうかと、ベンツを購入しても資金繰りに問題が生じないか、その2つの観点から検証した上で、購入を決めるように社長さんにはお伝えください。

かしこまりでーす。

ま と め

● 本来、減価償却資産の購入費用は1年では経費化できず、何年かに分けて経費化しないとダメなところ、4年落ち中古車に関しては独特な計算ルールによって1年で経費化できることから、導入年度の節税効果が期待できる。

● 短期的には一定の節税効果が期待できるものの、購入により手持ち現金が減るのは間違いなく、資金繰りが弱い会社には向かない。また、長期的には節税効果は新車を買った場合と変わらなくなる。

● 売却時にも売却益が発生するので、売却や買い替えをするタイミングはよく検討する必要がある。

「タワマン節税」ってたまに聞くけど、どういう手法ですか？

| 質問者 | 中橋ゆたか君 |

高校3年生　18歳
お父さんの会社を継ぐ予定
結構、豊かな家庭で育っている
勉強は得意なほう

関連動画再生回数
26万回

¥ 相続税は資産3,600万円から

先生、なんで、あんなにタワマンばかりいっぱい建つんですか？
人口は減っているのに、家ばっかり建てて何か意味があるんですか？

（なんや、ませた子やな〜）
タワマンがたくさん建つ理由は1つではないだろうけど、税金の観点だったら、**相続税対策**で使われているケースがあるかな。

「**相続税**」って何ですか？

誰かが亡くなったら、その人が持っていたお金や不動産などを奥さんとか子供に引き継ぐでしょ。そのときにかけられる税金が相続税です。

えぇー、そうなんですか？
そのお金を稼ぐときにも税金を払っているはずなのに、残しておいたら、死んだあとにまた税金を取られるんですか？

そう。とはいえ、**相続税の基礎控除**（3,000万円＋600万円×法定相続人の数）が最低でも3,600万円はあるから、それ以上の財産を持っていたときにだけ税金かかるイメージです。

ふーん。じゃ、ウチは余裕で相続税かかりますね。

（この子、めちゃくちゃイヤな育ち方してるやん……）
まぁ相続税には、お金持ちの子供がお金持ちで居続けるのを防いで、富が特定の家系に集中するのを防ぐ狙いもあるからね。

そんなこと言ったら、世襲の政治家なんかのほうが、富と権力が集中しているじゃないですか。

確かに。君は賢い。でも、それはまた別の機会に語り合おう。
今回はいったん税金の話に戻すと、マンションがたくさん建つ理由の1つに、相続税の節税対策がある、とさっき言ったんだけど、何がどう関わっているか想像できる？

（¥）**不動産は課税評価額が低くなりやすいところに着目している**

相続税は家族に残す財産がいくらなのかによって、税金がかかるかどうかが決まるんですよね。……う〜ん……残念ですがちょっとわかりません。
でも、現金で残したら税金がかかるけど、タワマンで残したら税金がかからないとか？

おしいっ！ ほぼ正解と言ってもいいレベルだね。
答えは、**現金や預金で残すより、タワマンで残すほうが相続税の計算のときに有利になる**から。

たとえば、現金や預金で1億円を持っていたら、その1億円に対してそのまま課税されるけど、その1億円でタワマンを買ったら、実質的な価値は1億円なのに、相続税の計算上の価値（**不動産評価額**）はその3割くらいになる。ここでは、仮に3,000万円としておくね。
この実質価値1億円と、評価額の3,000万円との差額7,000万円は、相続税の計算上は圧縮できたことになるので、たとえば税率20％であれば7,000万円×20％＝1,400万円で、**1,400万円も節税できて死ぬほどオトクになる**、というわけ（**図23**）。

》図23

タワマン節税スキーム

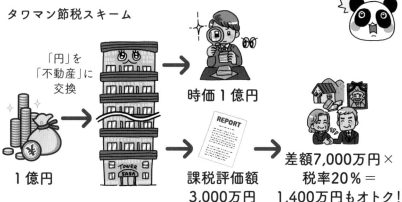

「円」を「不動産」に交換

時価1億円

1億円

課税評価額
3,000万円

差額7,000万円×
税率20％＝
1,400万円もオトク！

ちょっとオトクとか、そういうレベルではないですね！
でも、タワマンじゃないとダメなんですか？

タワマンじゃなくても、その他の不動産でも節税効果はあるよ。
ただ、タワマンの特に高層階の物件ほど、節税効果が高くなる傾向があるんです。
建物について、同じ専有面積であれば低層階でも高層階でも税金の計算時の評価額は同じルールなんだけど、市場での取引価格は高層階ほど高額になるよね？

だから評価額との差額が大きくなって、より大きな節税効果が見込めるわけ。
ふつうのマンションよりも、タワマンのほうが相続税対策として好まれるのは、そういう理由です。

そうなんですね。納得です。
でも、住むためでなく節税のためだけに無意味なものを建設し続けるのって、やっぱり大人って汚いですね。

（ビミョーなお年頃・笑）
ただ、今説明したような節税対策での購入はあくまで限定的で、ここ数年はインフレ対策や、あるいは単純な資産価値の向上を狙った投資目的で購入している人のほうが多いみたいだね。

節税ができて、相続税を払ったあとに物件が値上がりすれば、さらにオトクということですか？

そうそう。節税も大事だけど、運用の観点も大事だよね。
それはそれで、住むために購入しているというわけではないけど……。

そうですよ！ 動機が不純です。相続税を計算する際の建物価値の評価方法も、意味不明じゃないですか!? 市場価値が高いなら、評価額も高くすればいいのに！

（¥）近年どんどん対策がされているので、節税効果は今後減少する

（若さゆえの潔癖さかな……）
もちろん、単にタワマンに住みたい、と思って買っている人もそれなりにいるだろうけどね。
評価額の計算方法についても、明らかに節税目的で「著しく不適当」な場合については、特別に課税された事例もあるし。

2017年には「下層階の物件と、より価値の高い上層階の物件とで固定資産税が同額なのはおかしい」ということで、タワマンについては固定資産税の計算方法も見直されているよ。
そして、ついに2022年税制大綱では、タワマンの相続税の評価額算出ルールも今後見直すことが決められている。

そしたら、もう節税対策としては使えないということですか？

この本が出る時点ではまだ新しいルールは決まっていないから、正確なことは言えないけど、「著しく不適当」なものを排除することが主な狙いだと思うんで、**完全に節税効果がなくなることはないんじゃないかな。**
今後の税制改正の注目ポイントなので、気になる読者のみなさんは、最新情報を国税庁ホームページでもチェックしてみてください。

タワマンを取り巻く薄汚い大人たちの事情がよくわかりました。
先生、ありがとうございます。
どちらにしても、ウチの相続税対策が万全か、父にも確認してみようと思います。
ウチは顧問の税理士さんもついているんで、大丈夫だとは思いますが。……では。

（やっぱり、イヤな感じに育ってるなぁ〜・笑）
はい、じゃあね〜。

ま　と　め

● タワマン節税とは、タワーマンションの高層階の物件を購入することで、相続発生時の相続税額を減らす手法のこと。
● 現金で相続するとその額面金額がそのまま相続税評価額になるが、タワマンなどの不動産では時価の3割程度で計算されるケースがあることを利用する。
● 現金を相続するよりも大幅に相続税を少なくできるので、富裕層にとっては一般的な節税手法になっている。ただし、公平性の観点から評価額の算出ルールを見直す流れになっているので、今後、その節税効果は減少する予定。ただし、効果ゼロにはならないと予想される。

副業が会社にバレない方法、教えてください！

質問者 シーシャ女子・田邊

28歳　年収250万円　独身

正社員で働きながら、

在宅でウェブ制作の副業をしている

関連動画再生回数
26万回

¥ いまや「国民総副業時代」

じてこ先生、私の会社は副業禁止なんですけど、実はこっそり在宅でウェブ制作の副業をしています。
会社に副業がバレない方法ってありますか？

めちゃくちゃ、わかります。
僕自身、国税が副業可能だったら辞めていなかったですしね。

最近の流れでは国も副業を推奨しているので、もはや副業を禁止している会社は、その事実自体が求人や競争力の面でリスクになると思いますね。副業禁止している企業は、今後、人材確保も困難になるでしょう。

そうですよね。将来的に見ても、もう、1つの会社で働き続けることのほうが非現実的ですし。
であれば、自分のスキルアップを図ったり、経験を積むためにも副業にチャレンジしたいな〜と思って、副業を始めたんですが……。

わかります、わかります。技術の進歩が速すぎて、大きな会社ほど変化に対応できなくなっているし、1社に身を捧げるのはリスクですもんね。

今すぐお金がほしいという理由からの副業より、定年後など、会社を離れたあとの次のステップにつながる活動、という意味での副業は、僕は積極的にしておくべきだと思います！

……さて、ちょっと想いがあふれ出てしまったんで、話を本題に戻しますね。
副業をしていることを会社に知られたくないという相談なんですが、まず、**残念ながら絶対にバレない方法はありません。**
ただし、バレにくい方法はあるので、それを紹介しますね。

ありがとうございます！ ぜひ、教えてください。

💴 所得税の申告は課税所得20万円から、住民税は申告必須

まずは前提として、田邊さんが確定申告をする必要があるかどうかを確認しましょう。
副業をしている場合、**その副業による所得が20万円を超えると、所得税について確定申告が必要になってきます。**
ただしこの20万円の基準は、本業が給与収入で、かつ年末調整が済んでいる方についてのお話ですから、その点は注意してください。本業ではどこかの会社で従業員として働いて給与をもらっていて、かつ年末調整をしている場合です。
また、**地方税についてはこの20万円の基準がないので、副業をしていれば住民税申告が必須**です。

ちなみにこの20万円ルール、このように地方と国で基準が異なるので、間違えやすくて税務署の現場にとっては迷惑でしかないんですよね。統一してくれよ、と国税時代からず～～～っと思っていました。

ということで、田邊さんは副業でいくらぐらい稼ぐ予定ですか？

年間で40万円分くらいは働こうと思っています。

業務委託のような形態ですか？

そうです。どこか別の会社に働きに行くとかではなくて、個人でウェブ製作を請け負って契約する形になります。
見込みとしては、今もらっている案件だけで40万円くらいの収入はいきそうです。

収入が40万円ということは、もし経費が20万円以上発生すれば、課税所得は20万円以下になるので所得税の確定申告は不要になるかもしれないですね。

えっ!! そうなんですか!?
20万円の基準は、経費を考慮したあとの金額で判定できるんですね。

ややこしいですよね。
「売上−経費＝所得」なので、たとえば40万円の売上があっても経費が21万円必要だった場合、所得が19万円（40万円−21万円）になって、申告不要になるんですよ。

それは、非常にいいことを聞きました。もらった金額（収入）が20万円を超えたら、確定申告が必要だと思っていました。
ということは、私の場合は今年、経費が20万円以上あれば確定申告が不要になるので、そこから副業バレすることはなさそうですね。

そうですね。バレる可能性は低くなります。
ただ、所得税の確定申告をしなかった場合でも、会社に絶対バレないというわけではないので、注意が必要です。

うーん、さっきおっしゃっていたバレにくくする方法を早く教えてください！
それと、経費がそんなになくて、たとえば40万円の売上がそのまま所得になってしまった場合に、どれくらいの税金が発生するのかも聞いておきたいです！

¥ 住民税の支払い方法を指定すればいいだけ

先に税額の話をしておくと、副業の所得が40万円だったら、その部分にかかってくる税金はざっくり8万円くらいでしょう。
本業の所得によっても税率が変わるのですが、今回は国税10％と地方10％の合計で税率20％と仮定して、所得40万円に税率をかけて計算しました。

まぁ、8万円なら……。ちょっと痛いけど。

で、副業がバレる本質的な原因について説明すると、副業がバレる・バレないの話って、市役所などが「**特別徴収税額決定通知書**」という書類を本業の会社に届けるからなんです。

……つまり、私が所得税や住民税の確定申告をしたら、その情報が市役所などにわたって、さらにそこが会社に私の情報をわたす、という流れになっているわけですね。
迷惑だなぁ。

本業の会社で総務や経理をしている人が、この市役所などから送られてきた通知書を見て、自社が払っている給料の額に比べて、この人が払っている住民税はどうも高いな、という気づきから副業がバレるケースがあるということなんですね。

そこで、**確定申告をするときに、住民税の徴収方法について「普通徴収」を選択することで、会社にバレるリスクを軽減できます。**
申告書やe-Taxの画面に「自分で納付」というチェック欄があるので、確定申告時にそこに印をつけるだけです（**図24**参照）。

そこか～！ 実は副業をしている友達が、確定申告をするときに会社にバレないようにする方法があるから、注意したほうがいいと教えてくれていたんですが、このことだったんですね。

》》図24　　e-Taxでの住民税「自分で納付」画面

出所：国税庁ウェブサイト
https://www.nta.go.jp/taxes/shiraberu/shinkoku/kakutei/pdf/r04/sakukonatebiki/sp.pdf

出所：国税庁ウェブサイト
https://www.nta.go.jp/taxes/shiraberu/shinkoku/kakutei/pdf/r04/sakukonatebiki/pc.pdf

はい。ただ、申告で普通徴収を選択しても、なぜか普通徴収にしてくれないケースもあるようなので、そこは要注意ですね。
自治体や市役所の方針によって、異なる運用をしているところがあるみたいです。なので、心配であれば一度、お住いの自治体の税務課等に電話して、確認してみることをお勧めします。

うーん、やっぱり副業バレのリスクは完全にはなくならないんですね。
でも、やってみます。

そもそも、その市役所などから送付される「特別徴収税額決定通知書」から本業の会社が把握できる情報はさほど多くないので、それだけで必ず副業がバレる、というわけでもないみたいですけどね。

同僚にチクられたり、とかのリスクも高いってことですか？

そうみたいですね。**今はSNSで集客する人が多いので、アカウントからバレる**みたいな話もよく聞きますね。
あとは服装の変化や贅沢な生活からバレるなど、わりと原始的なところにも注意が必要でしょうね。

確かに、儲かったり、仕事がうまくいったりすれば人に言いたくなりますもんね。
よく理解できました。ありがとうございます。

ま　と　め

- ●副業をしている人は、まずは確定申告をする必要があるのかどうかを検討する。収入から経費を引いた所得が20万円以下であれば、所得税の確定申告は不要。ただし、住民税の住民税申告は副業収入を得ている限り必須。
- ●確定申告する際は、住民税の納税形式について「自分で納付」を選択する。それにより、普通徴収を選択できる。
- ●周りに副業していることを安易に伝えない、SNSで集客や発信をする場合は偽名と顔出しナシのスタイルにする、などの"バレ対策"も必須。

趣味のYouTube配信で思ったより儲かっちゃった。副業として節税に役立てられると聞いたんですが、詳細を教えてください！

質問者	革命家兄弟イソベ

33歳　年収350万円
広告代理店勤務
投資系コンテンツ配信

関連動画再生回数
8万回

¥ 趣味や副業レベルではなかなか節税に使えない

趣味でやっているYouTubeの登録者数が伸びて、広告収入で年間50万円程度はいきそうです。
配信者仲間に聞いたところ、副業ユーチューバーは節税面でも有利って聞いたんですけど、細かいところがよくわかりません。
じてこ先輩、教えてください！

はい、わかりました。
でも残念、イソベさんの場合、本業は給与所得なので、YouTubeの収益は「**雑所得**」で申告することになりますね。「**事業所得**」ではないので、<u>節税効果はほぼない</u>と思われます。

意味不明！

（微妙に腹立つ返しやな……）
所得税法上、発生する背景によって所得の種類を分けて計算してくださいね、というルールがあるんです。
<u>雑所得だと、事業経費が認められにくい</u>んですよ。

やっぱり意味不（いみふ）。

（腹立つ合いの手……）
安定的に生活の基盤となる給与のような性質の所得と、保険の満期金や競馬券の払戻金などの偶発的な性質の所得とを分けて考えることで、その人の担税力、つまり税の負担能力に応じた、公平な課税を実現しようという狙いが税制にはあるんですね。
それによって、今回のケースではあまり節税効果が発生しないんです。

……よくわからんけど、ツレは節税できるって言ってたんだけどな……。

（やっぱり腹立つな……前も思ったけど、この「誰かに聞いたんだけど」っていうのは、税理士がすごく嫌うパターンなんやで）
そうですねぇ、まぁ、節税できる場合もあるって感じです。
YouTubeの動画投稿をするにあたって、撮影機材や編集の外注費、撮影時や打ち合わせ時の交通費などが経費計上できますし、さらに家賃や光熱費みたいな家の支払い部分も、全額は無理でも一部は経費計上できる場合があります。
収入よりも経費が多くなって赤字が発生すれば、給与所得額をその赤字額で消すことで、結果として課税所得の額を減らし、税額も減らせるケースが出てきます。
これを「**損益通算**」と言うんですが。

¥ 「雑所得」では損益通算ができない

すごーーーー！ やっぱり税金減らせるじゃないですか！
俺もやりまくりますっ!!

ただし！ これって事業所得に該当する場合の話で、雑所得だと経費の認められる範囲も少ないし、**青色申告控除額**なんかの恩恵も受けられない。
たとえ赤字が出たとしても、損益通算ができないので、給与所得を減らすことができないんです。

ええっ!? それなら、俺は事業所得でやりますよ!

残念ながら、「僕は事業所得で計算します!」という宣言で事業所得として認められるわけではありません。

明確な基準はないのですが、イソベさんの場合にYouTubeからの収益を事業所得にするには、動画投稿者として独立しており、生活を成り立たせるための収入の一部であることや、継続的で恒常的な収入を得るために行っている事業であることが必要になるでしょうね。

趣味や副業として配信している程度であれば、残念ながら雑所得になります。

事業所得として申告しても、おそらく認められないでしょう。

くそがっ! じゃあ、もういいですっ!

（最後まで腹立つ退場やな）
……ユーチューバーって、ああいう人ばかりではないんだけどな……。

| ま | と | め |

- YouTubeを含む動画配信サイトやSNSを活用した副業収入については、確定申告をする際に「事業所得」とするか、「雑所得」とするかが非常に重要になる。節税効果が高いのは「事業所得」としての申告だが、自分自身が副業と位置づけている時点でむずかしいと考えたほうがよい。
- ただし、明確な基準はないので、儲けが大きくなりそうな場合には申告前に税理士に相談することで、事業所得にできることもある。税理士の相談は初回無料のところも多いし、事業所得にできれば税理士費用をカバーできるほどの効果が期待できるので、ためらわずに相談することをお勧めする。

第 3 章

知っておきたい！
所得の壁、最適な年収

所得の壁について、103万円、106万円、130万円などといろいろ言われますが、結局、私たちはどれを信じたらいいのですか？

質問者	高橋さち子

主婦。50歳。夫の年収650万円
130万円の壁を意識しつつパート勤務
息子は20歳の大学生、娘16歳

¥ 学生と主婦では「壁」の金額が異なる

「130万円の壁」を意識して、スーパーでレジ打ちの仕事をしています。
大学生の息子のバイトも、同じように年間130万円以下なら問題ないだろうと思って働かせていたのですが、去年、夫の扶養から外れてしまい、追徴税額を12万円程度も税務署に払わされました……。

最近は「106万円の壁」とか「103万円の壁」というのも聞きますが、結局、どの「壁」が正解なんですか？
もう、わけがわかりません!!!

お気持ち、めちゃくちゃ、わかります！
本当にややこしいですよね！
しかも追徴税額まで発生しているなんて、最高に腹が立ちますね。
地方税分も含めたら、約20万円の税負担が一気に発生している計算になりますからね。

結論から言うと、息子さんは103万円以下、さち子さん自身については130万円以下を「壁」の目安にするのが正解になる可能性が高いでしょう。
さち子さんについては、勤め先の規模によっては106万円以下になるかもしれませんが。

「所得の壁」の最適額は、学生さんは103万円、サラリーマン家庭の配偶者の場合は、106万円か130万円のどちらかになるケースが多いんです。

……じゃあやっぱり、私が間違えていたんですね……。
でも、まだ全然よくわかっていませんので、もう少し詳しく解説してください。

わかりました。この辺りの金額は、最近も法改正されていて本当にややこしいんで、じっくりと解説していきます。

ちなみに「103万円の壁」については【1章－②】でも簡単に解説したので、そちらも再確認しておいてください。

¥ 学生バイトの強い味方「勤労学生控除」

まず息子さんについて見ていくと、大学生ですから、自分の税金を計算するときは「**勤労学生控除**」が27万円、特別に認められています。
そのために、103万円ではなく130万円までは非課税なんですよ。

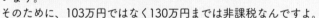

うん？　ほら、先生、やっぱり130万円じゃないですか？

ただし、**旦那さんの税金を計算する際、息子さんを「扶養控除」の対象に入れられる条件が、年収103万円までと決められている**んです。

はっ!?
えーと、何ですか、その性格の悪いクイズみたいなルール？

（おもしろい表現や・笑）
確かに。130万円までは非課税で誘い込みつつ、103万円のところに罠がある意味不明な構造になっています。

息子さんは大学生なので、ご本人の税金は給与年収で130万円までは発生しないのですが、給与年収が103万円を超えてくると、親の税金計算上の扶養からは外れることになります。
結果、旦那さんの税金は増えて、家族全体で見れば手取り額が大きく減少してしまいます。
だから学生さんは、給与年収103万円以下に抑えておくのが最適なのです。

ホントに、頭が混乱しちゃいそうです。
まぁとにかく、**息子のバイトは103万円まで**、と。

では、私自身の「所得の壁」はなぜ130万円なんですか？
あと、106万円の可能性もあるというのは、どういう意味でしょうか。

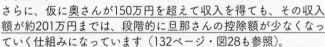
（¥）配偶者控除と配偶者特別控除で「103万円の壁」は延長される

壁が130万円になる理由の1つは、奥さんについては、旦那さんが税金の計算時に扶養控除ではなく「**配偶者控除**」か「**配偶者特別控除**」という制度を利用するからです。

「配偶者控除」では息子さんの扶養控除と同じで、利用条件として対象配偶者の収入が103万円まで、とされています。

ただ、たとえ103万円を越えて配偶者控除が使えなくなっても、**150万円までは「配偶者特別控除」で同じ金額の控除が継続する**仕組みになっているんです。いきなり負担額が増加することはありません。
さらに、仮に奥さんが150万円を超えて収入を得ても、その収入額が約201万円までは、段階的に旦那さんの控除額が少なくなっていく仕組みになっています（132ページ・図28も参照）。

だから奥さん自身については、「103万円の壁」はあまり気にしなくてもいい、と言えるでしょうね。

ちなみに、もしさち子さんのほうが一家の大黒柱として働いているのなら、旦那さんではなくさち子さん自身が、この配偶者控除や配偶者特別控除を利用することもできます。男女平等ですからね。

また、103万円の壁はあまり気にしなくてもいいと言いましたが、103万円を超えて収入を得た場合、超えた部分については奥さん本人に所得税が発生することは一応、指摘しておきます。
ただ、その金額が少額なので、所得が増えることを考えればあまり重大ではないという意味です。
本当は、このほかにも住民税関係の98万円や100万円の壁もあるのですが、そちらも大した金額ではないので、無視して大丈夫でしょう。

なるほど。少額の税金発生は無視してもよいけれど、大きく負担が増える壁には要注意、と。

……そういえば、数年前に配偶者がもっと働けるように配偶者控除の対象範囲が拡大された、みたいなニュースがあった気がしますが、150万円まで同じ金額の控除があるというのは、それに関係した話ですか？

よくご存じで。その通りです。
パートやアルバイトとして働いている奥さん方が、就業調整をせずに思いっ切り働けるようにしたい、という政府の狙いがあったみたいですね。

でもそれだけなら、「130万円の壁」ではなく「150万円の壁」になるはずでは？

（¥）130万円の壁は「社会保険の壁」

ここで出てくるのがもう1つの理由で、**社会保険の加入義務**なんです。

主人が会社で入っている健康保険などの扶養要件が、130万円になっているってことですか？

さち子さん、天才！その通りです!!

さち子さんの年間収入がこの「130万円の壁」を超えると、旦那さんの社会保険の扶養を外れ、さち子さん自らが社会保険料を支払わなければいけなくなります。

たとえさち子さんの勤め先のスーパーで社会保険に入れてもらえたとしても、その保険料で約18万円程度は負担が増えることになってしまう。つまり、一気に負担が増えて、手取り額が減ってしまうわけです。

この2つの事情が相まって、さち子さんについては所得の壁は130万円以下となる、という理屈です。

そのため、130万円の壁は「**社会保険の壁**」とも言われていますね。

¥ 「130万円の壁」は、だんだん「106万円の壁」へと転換中

この社会保険の「130万円の壁」が、今後は「106万円の壁」になるっていう話も聞いたことがあるんですけど、それはどういうことですか?

またまた、天才!

これは、結果として旦那さんの社会保険の扶養から外れてしまうのは同じなんですけど、原因が違うんです。

「130万円の壁」は、旦那さんが加入している社会保険における被扶養者の要件でした。

一方の**「106万円の壁」は、奥さん自身が、勤め先の会社で社会保険に加入しないといけなくなる要件**なんです。

アルバイトやパートであっても、社会保険に入れる状態をつくろうという趣旨で、2022年10月以降、101人以上の従業員を抱える規模の会社を対象に、一定の条件を満たした従業員については会社が社会保険に加入させなくてはならないことになっています。

その条件の中に、所得が月8.8万円を超えた場合、年間に直すとおおよそ106万円を超えた場合、というのが入っているんです。

だから、さち子さんの**勤め先の会社の規模によって、「社会保険の壁」の金額は106万円と130万円のどちらかに分かれるわけ**です。

》》図25　「106万円の壁」と「130万円の壁」の関係

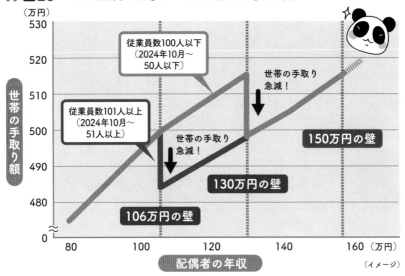

（万円）

世帯の手取り額

従業員数100人以下
（2024年10月〜
50人以下）

世帯の手取り
急減！

従業員数101人以上
（2024年10月〜
51人以上）

世帯の手取り
急減！

150万円の壁

130万円の壁

106万円の壁

配偶者の年収

（イメージ）

※「106万円の壁」が適用されるには、従業員数だけでなく、学生でないこと、勤務予定期間（1年以上〔2024年10月以降は2ヶ月以上〕）、週の所定労働時間（20時間以上）、給与（月額8.8万円以上）などの条件があります。

なるほど〜。私の勤め先のスーパーは、チェーンでもない小さなお店なので、私の場合は「106万円の壁」は意識しなくても大丈夫かな。

でしたら、やっぱり当面は「130万円の壁」になりますね。
ただし、2024年10月からは従業員数51人以上の企業にも同じ強制加入のルールが段階的に適用されることになっているため、近いうちに「106万円の壁」に変化するのではないでしょうか。

従業員51人以上ですかぁ。……そしたら、うーん、どうだろう。パート先にも聞いてみないとわかりませんね。
でもそれだと、**130万円が106万円に変わる人はかなりたくさんいそう**ですね。

それにしても、税金関係では所得の壁を高くしようとする方向に力が働いているのに、社会保険の壁については、逆に低くなる方向に力が働いているみたいですね。ちぐはぐな感じがします。

そうなんです。ちょっと矛盾していますよね。
税法については、配偶者特別控除の所得範囲拡充（103万円
→150万円）によって「壁」の段差がだいぶなだらかになったの
で、政府は、次は社会保険の106万円と130万円の「壁」の制度
見直しをしたいとも公言しています。

少子化で人手不足になってきているので、主婦や学生の労働時間
をもっと長くするためにも、多分、遠からず何らかの手を打って
くるはずですよ。今後のニュースにも注目ですね。

それはそれで、さらにややこしくなったらイヤですけどね。

まったくです！（笑）

あ、前ページの**図25**に、こうした関係を示した図を示しておきま
すので、こちらも確認しておいてください。

ま と め

● 「所得の壁」の最適額は、学生については税務上の扶養控除額を意識し
た給与年収103万円。
● サラリーマン世帯の配偶者については、社会保険上の扶養を意識した給
与所得106万円か130万円が最適。妻の106万円か130万円かは、勤め先
の従業員数や働き方によって異なってくる。従業員数101人以上（2024
年10月からは51人以上）や、労働時間週20時間以上などが境目になる。
● 今後も制度見直しが予告されているので、関連のニュースにも気を配って
おきたい。

※2023年10月から時限的な負担軽減措置が導入されました。
　詳しくは政府のウェブサイトなどをご確認下さい。

106万円と130万円の壁の計算時に間違えたくないんですが、特に注意しておくことはありますか？

質問者 阪田ゼイ美
33歳。夫、長男5歳、長女2歳
夫の年収500万円
時々短期のパートに出ている

関連動画再生回数
10万回

¥ 金額が異なる壁が複数あるのは、それぞれ別の目的で設定されているから

先生、106万円と130万円の「所得の壁」の違いについて、もう少し詳しく教えてください。間違えると、大変ですし。

先ほどさち子さんに説明した通り、どちらも「社会保険の壁」ですね。

ざっとおさらいすると、「106万円の壁」は、奥さんの勤め先が従業員数101人以上の場合に、社会保険に強制加入となって旦那さんの保険組合の扶養から外れてしまう壁でした（2024年10月からは51人以上）。

「130万円の壁」については、奥さんではなく、旦那さんの保険組合で扶養の認定要件から外れてしまう壁でした。

なので、ゼイ美さんが比較的大きな会社でパートやアルバイトをしているなら「106万円の壁」、小さな会社なら「130万円の壁」を意識して働くと、損をしないで効率よく稼げると言えるでしょう。

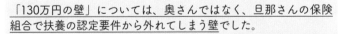

うんうん、先ほどもそう言っていましたね。

それぞれ、制度には「言い分」があるんですよね。

「106万円の壁」の言い分は、非正規の方でも社会保険に入れる環境を整えるため、というもの。

「130万円の壁」の言い分は、本来全員が払わないといけない健康保険料などの社会保険の費用も、主婦や学生には家事や学業などがあってむずかしいでしょうから、稼ぎが少額なら社会保険については、世帯主が払ってくれるだけでいいようにしますね、というものです。

この目的の違いに着目すると、違いも少しは理解しやすくなると思います。

……うーん、まぁ？ そんな気もします……かね？

あれ、あんまり響かなかったか。（笑）

¥ 交通費や残業代には要注意

ほかに、この2つの壁で注意しておくことはありますか？

1つ気をつけておいてほしいのが、**交通費の扱い**です。
「106万円の壁」を計算するときには、交通費や通勤手当なんかは金額に含めなくていいのですが、「130万円の壁」については、交通費や通勤手当なども含めて計算するルールになっています。

えぇっ？ そんな違いもあるんですか？
私たちパートの主婦は、「所得の壁」を超えないように数時間単位でシフトの調整をしていることもありますから、交通費が計算に入るか入らないかを間違えたりしたら、まさに命取りですよ！

ですよね。くれぐれも気をつけてください。
ちなみに、**残業代や休日出勤の時間外手当も同じ**で、「106万円の壁」を計算するときには含めなくていいですが、「130万円の壁」を計算するときには計算に入れなくてはなりません。
パートやアルバイトだとあまりありませんが、**ボーナスや報奨金、皆勤手当などの臨時的な収入や手当もほぼ同じ扱い**です（**図26**参照）。

なんと……。

》 図26　交通費等の判定

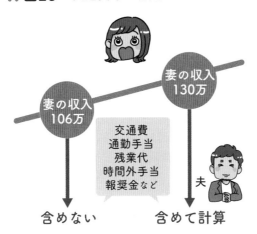

ほかにも、雇用期間が2ヶ月未満の短期の場合や、週の労働時間が継続的に20時間に満たない場合などには、社会保険の強制加入の条件から外れて「106万円の壁」がなくなるので、その場合には「130万円の壁」だけ意識すればよくなります。

ややこしくて、頭がおかしくなりそうです……。

¥ 複数の勤め先で働いたときにも、計算の仕方が異なる

さらにもう1つ。
ダブルワークやトリプルワーク、つまり**同じ年内に2ヶ所以上の勤め先で勤務している場合**にも注意が必要です。

この場合、「106万円の壁」はそれぞれの会社の収入ごとに壁を超えていないか計算するのですが、「130万円の壁」については、その年に働いた会社すべての収入を合算して判定します。

》図27　Wワークの場合の収入額の判定

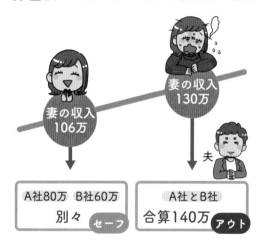

たとえばゼイ美さんがダブルワークしていて、1社目での収入は80万円で、2社目が60万円、交通費などは無視すると仮定した場合、「106万円の壁」は各社で判定するのでセーフなんですけど、「130万円の壁」は2社合計の収入140万円（80万円＋60万円）で判定するので、アウト！
旦那さんの社会保険の扶養を外れてしまう、という感じになります。**図27**をよく見ておいてください。

このパターン、最悪ですね。
主人の社会保険では被扶養者要件でアウトなのに、自分の勤め先の社会保険に入れてもらうこともできない。社会保険に入れないじゃないですか！
まさかの病院で10割負担!?

なので、無保険にならないように自分で保険料を払って、国民健康保険に入ることになりますね。当然、年金も国民年金保険に強制加入ですよ。
会社の社会保険に入れてもらうより、負担がかなり大きくなる傾向がありますので、要注意です。

ひぃ……恐ろしい……。

ハァ～、あれも、これも注意しないといけなくて、全部覚えておくのはとても無理そうです。
しかも制度改正がいつあるかもわからないみたいですし、夏の終わりくらいに毎年、ネットで最新情報をチェックするのがいいのかな。

それがいいかもしれませんね。
いろいろと目的の違いがあるのはわかりますが、政府ももう少し、シンプルでわかりやすい制度にしてほしいものです！

- 収入の判定時、「106万円の壁」には交通費、残業代、時間外手当、報奨金などは含めない。一方で、「130万円の壁」には含めて計算する違いがあるので注意。
- 社会保険の強制加入の条件に合致しない働き方（短期間・短時間の勤務など）の場合には、「106万円の壁」がなくなるので「130万円の壁」を目安にする。
- 同じ年度に複数の会社で働いた場合、「106万円の壁」は1社ごとに判定するが、「130万円の壁」は合算で判定する。自分で国民健康保険や国民年金の保険料を支払うのは負担が大きいので要注意！

学生バイトで働きまくるのは損だ、という話を聞きました。どれくらい損なんですか？

質問者	時代遅れのアンダー損
	22歳　男性　大学生
	父親の扶養に入っている

関連動画再生回数
377万回

¥ めちゃくちゃ稼いだ大学生の末路

「所得の壁」を越えて稼ぎまくるとどうなるんですか？
大学の友達で、バイトでシフトに入りまくって今年もう250万円稼いだって豪語していたヤツがいたんですけど、その場合の税金・社会保険の負担額やデメリットを教えてください。

めっちゃ働きましたね、その友達。ちゃんと授業に出てた？

いや、留年しそうです。

アカンやん。（笑）

まぁ、学生時代の経験には金銭だけでは測れない価値があるから、全否定はしませんけどね。それでも、**お金の面から見るとかなり損しています。**

え〜っと、概算ですが、**777,400円の追加負担**が発生しているので、時給1,000円換算で777時間分は無駄に働いた、と言えるかもしれません。

777時間！ 今、俺が勉強している行政書士の資格で、合格目安の勉強時間が500〜1,000時間って言われていますよ。……まったく関係ないですけどね。
でも、777時間か。しかも、約78万円も追加負担が発生するとは……。

大学の教授から、学生時代にバイトで働きすぎるのは損だよ、っていう話を聞いたことがあったんですけど、これは、本当に大損ですね。

（¥）4つの方面で負担が増える

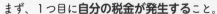

労働時間に換算すると、イメージが具体的になってわかりやすいですよね。
その友達のケースだと、大きく分けると4つのデメリットがありますね。

まず、1つ目に**自分の税金が発生する**こと。
収入が250万円あると、当然「103万円の壁（勤労学生は130万円の壁）」は軽々と超えているので、所得税（46,900円）と住民税（99,500円）で合わせて146,400円の税金が発生します。
あ、この項でも復興特別所得税は少額なので無視していますよ。

住民税って、わりと高いんですね！

2つ目に、親の税金が高くなります。
親の税金の計算時に、適用できる扶養控除がなくなります。扶養控除は所得税で63万円、住民税で45万円ありますから、これは痛い！

その控除額に、それぞれの税率をかけた額の負担が親に発生します。所得税の適用税率は親の所得によって変わりますが、20％だと仮定すると、63万円×20％＝126,000円、住民税は一律10％ですから45万円×10％＝45,000円で、合わせて171,000円の税負担増加になります。

そんなに親の負担が増えるんですか!?
それは、アイツ怒られるでしょうね……。
しかも留年しそうになっているし……。

3つ目が、親が会社からもらえていたものがもらえなくなる。
大きな会社だと、会社独自に扶養手当などを出していることがあるので、その適用要件から外れれば、当然それがもらえなくなります。
たとえば月5,000円の会社独自の扶養手当をもらえていたと仮定した場合、年間6万円がもらえなくなってしまいますね。

親の勤め先にもよりますが、もし該当していたら悲しいでしょうね。
ウチの親父もお小遣い制で、いつも結構シビアな節約していますから、そんな家庭だと怒りもひとしおかも。

さらに4つ目。**親の社会保険上の扶養を外れることによって、その友達は自分で国民健康保険に入らないといけなくなる。**国民年金についても負担が増えます。

まず、国民健康保険で年間約20万円です。さすがに健康保険の無保険は怖すぎるしね。

そして、強制加入の国民年金も年間約20万円。
通常、学生は**学生納付特例制度**が使えるので納付猶予を選べるのですが、前年の所得が128万円（給与収入のみで194万円）以下の場合に対象となり、この基準を超えると、この特例を適用できないので、約20万円の保険料がそのまま発生します。

合計で約40万円、本人負担が増えます。
細かいことを言えば、国民年金の猶予は免除ではなく先送りなので、純粋な負担増ではありません。でも、ここではざっくりとしたイメージを把握してほしいので、細かい点は無視しますね。
また労働条件によってはアルバイト先で社会保険、つまり健康保険と厚生年金に加入してくれる場合もあるので、その場合にはこの4つ目の負担は低減できますけどね。

うわーーー、これは、かなり負担増の幅が大きいですね。

ということで、今言った4つを合わせた額が777,400円。
この777,400円を時給1,000円の仮定で割ると、約777時間。
お友達が今年働いたうちの約777時間分は、税金や社会保険料の
ために働いたことになりますねぇ。
実際には、会社独自の手当がない場合や、労働条件によって発生
しない部分もあると思いますので参考値ですが。

とんでもない効率の悪さ……。

（¥）人生で一度の貴重な時間を、より効率的に使っていこう

学生のときの777時間って、ものすごく価値が高いんですよ。
いろんなことを吸収できる年齢ですし、頭も柔らかい。

自分の例で恐縮ですけど、僕は大学生になるまで勉強嫌いで成績
が悪かったんです。
それが大学生のときに思い立って、たった1年間、約3,000時間
（1日10時間×300日）を本気で勉強に充ててみることにしました。
その結果、国税専門官採用試験に合格したんです。
それは、単に公務員の仕事を得たという就活的な成功体験ではな
くて、自分でもやればできる！ ということを強烈に自覚して、生
き方や人生観みたいなものが変わった時間でもありましたね。

そういうふうに、**学生時代の時間というものはとてもとても貴重
なものですから、どうせなら、より有効に、より効率よく使っ
てほしい**ところです。
アンダー損さんもですよ？

へぇ。さっきもちょっと言いましたけど、俺も行政書士の勉強を
しているんで参考になります。
時間が具体的な資格に換わり、仕事に換わり、じてこ先生の人生
観をも変えた、ということですね。

そうなんですよ。
今の時代、資格さえあれば安心、というわけではまったくないの
ですが、せっかくの学生時代の時間を、何かしらの知識や経験、
信頼などに換えておくと、その後の長い人生でも「稼ぐ力」を身
につけられると思います。

そのバイトが、その友達の将来の夢につながる仕事で、少しでも経験や知識をつけたいから損だとわかっていても長く働きたい、ということなら意味はあると思いますが、<u>少なくとも、もう少し勤務時間を抑えて、来年は「103万円の壁」を意識した働き方をしたほうがいいでしょうね。</u>税金や社会保険のために時間を使うのはもったいないですし、本業である学業でもし留年なんてしてしまったら、学費でさらに負担増大です。さすがに、親御さんも激怒するんじゃないでしょうか。

確かにそうですね。税金のために時間を使っていて、おまけに親にも怒られ必至という状況であることを、すぐにそいつにも伝えます。
先生、ありがとうございました！

まとめ

●特に大学生は、親の税金計算時の扶養控除による恩恵が大きいので、意図せず扶養を外れると親の負担が大きく増える。怒られないように気をつけよう。

●親の扶養に入っていた学生が、バイトで250万円を稼いだ場合の負担の増加推計額：合計777,400円。
① 学生本人の負担増：所得税46,900円＋住民税99,500円＝146,400円
② 親の負担増：国税（63万円×20％）＋住民税（45万円×10％）＝171,000円
③ 親の負担増：扶養手当　月5,000円×12ヶ月＝60,000円
④ 学生本人の負担増：国民健康保険＋国民年金＝約400,000円

夫に「103万円の壁」を超えたらダメだと言われているけど、もし超えたらいくら損しちゃう？

質問者 大臣は角谷

パート主婦　35歳
夫は会社員、子：5歳幼稚園
近くの飲食店で働いている

¥ 主婦は103万円ではなく130万円を意識するのがキホン

先生、私はパートに出ているんですけど、「103万円の壁」を越えたらダメだって主人から言われているんです。もし超えちゃったら、いくら損するんでしょうか？
実は店長から、もっとシフトに入ってほしいと言われていて、悩んでいるんです。

この章の最初の項でさち子さんにも説明しましたけど、「103万円の壁」って、実はサラリーマン家庭の主婦のみなさんにとっては、そんなに意識する必要がない壁なんです。

旦那さんの税金を計算する際に、「配偶者控除」の38万円が適用されるかどうかが決まる壁なんですけど、「配偶者特別控除」という別の控除も用意されていて、所得150万円までは同じ控除額が維持されるので、103万円を越えたらすぐにガツンと負担が増大する、というものではないんですね。次ページの**図28**に示す通りです。

そうなんですか？
でも、主人から強く言われているんです。

》》図28 配偶者控除と配偶者特別控除の関係図

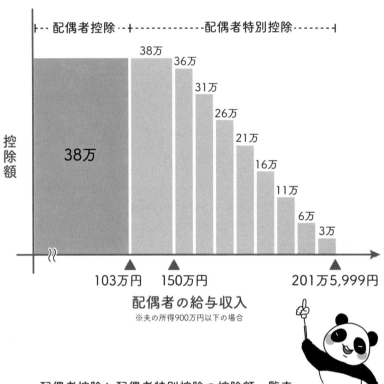

配偶者控除と配偶者特別控除の控除額一覧表

配偶者控除	103万円以下	38万円
配偶者特別控除	150万円以下	38万円
	155万円以下	36万円
	160万円以下	31万円
	166万円以下	26万円
	175万円以下	21万円
	183万円以下	16万円
	190万円以下	11万円
	197万円以下	6万円
	201万円以下	3万円

（千円以下を切り捨てて表示）

そうですか……もしかしたら、旦那さんの勤め先の会社独自に、扶養手当や家族手当などを出しているのかもしれませんね。そういう手当として、毎月1〜2万円程度を出している会社は時々ありますから。

そうした独自手当の判定基準は、もちろんそれぞれの会社が独自に設定しているので、その基準が奥さんの年収103万円だったら、確かに103万円を超えると損することはありえますね。
仮に毎月1万円の手当だったとしても、1年では12万円になるので、そのことを言っているのかも？

まぁ、これはそれぞれの会社の内部のことなので、僕にもわかりませんから旦那さんに確認してみてください。
あるいは、旦那さんが勘違いしているだけかもしれませんし。

なるほど〜。じゃあ、今夜にでも主人に確認してみますね。

もし主人の勘違いなら、次の壁になる130万円まではシフトを入れて働けますね。
あっ、パート先の会社は小さいお店なんで、さっき別の方に解説していた「106万円の壁」は当面、無視できると思います。

2つ前のゼイ美さんへの解説ですね。

💴 増えた収入に関しては、少しだが税金が発生する

それで、これまでの103万円を超えて、130万円の壁までの間で勤務した場合には、主人の税金は毎月どのぐらい増えるんですか？
あれ、増えないのかな？

あ、旦那さんの負担ではなくて、奥さんの負担が少しだけ増える形になりますね。
金額で言うと、**130万円ギリギリまでシフトを入れたとして、年間約4万円負担が増える**イメージです。

そっか。さっき、配偶者特別控除があるから150万円までは主人の税金は変わらない、と聞いたところでしたね。大変失礼しました。

いえいえ。

で、103万円までは税金がかからないんですけど、103万円から130万円に収入が増えると、増加額の27万円は角谷さん本人の課税所得が発生したということになるので、所得税の税率5%と地方税の税率一律10%の合計15%がかかってきます。

27万円×15％＝40,500円となるので、約4万円の負担増となります。

とはいえ**4万円ちょっとですから、27万円所得が増えるのと比べれば、まぁ、許容範囲内ではないでしょうか。**

（¥）勘違いして、必要以上にシフトを減らしていないか確認してみよう

なるほどです。

それにしても、「扶養控除」と言ったら「103万円」のイメージが強いんですよね。

ほかのパートの方も、よくわからないから、とりあえず一番金額が低い103万円以下にシフトを抑えているっていう人が何人かいますよ。

そこ、勘違いしやすいんですよね。

さっきお伝えした内容の補足になりますが、「扶養控除」を利用する場合は103万円以内の給与収入が要件なんですけど、**サラリーマン家庭の配偶者の場合は基本的に「扶養控除」ではなくて、「配偶者控除」を使います**からね。

社会保険に関しては、配偶者についても「扶養」という表現を使うので、それでさらにごっちゃになって誤解してしまう人も多いみたいです。

確かに。私もごっちゃになっていました。

さらに、「配偶者控除」は103万円までなんですが、103万円を超えた場合でも、150万円までは「配偶者特別控除」で配偶者控除と変わらず38万円の控除が受けられます。
だから、サラリーマン家庭の配偶者であれば、103万円ではなく「130万円の壁」をまずは意識してください。
その上で、会社の規模等で「106万円の壁」になっていないか確認する、という順番です。

そういうことですね。すっきり解決しました。
先生、ありがとうございました。

ま　と　め

●配偶者や被扶養者の給与収入が103万円を超えた場合に、会社独自で規定している諸手当が出なくなる場合がある。心配な場合はご家庭の大黒柱の方に確認を。

●これまで収入103万円以下であった方が、130万円まで稼ぎを増やした場合の負担増加額は、約4万円で許容範囲内。

·05

3ヶ月連続で10万円以上パートで稼ぐと、夫の扶養から外れちゃうって本当ですか!?

| 質問者 | 古谷こう |

35歳　夫：年収400万円　娘3歳
130万円以内に調整して
時計屋さんでパート勤務

関連動画再生回数
100万回

¥ 130万円の壁にまつわる意外な罠

じてこ先生、こんにちは。

（主婦の質問者さんが続くな～）
はい、こんにちは。

早速ですけど、私、時計店でパートで働いていて、年間130万円は超えないように調整しています。
……なんですが、先日お店がすごく忙しい時期があって、頼まれてたくさんシフトに入ったんです。それで、月給が3ヶ月連続で11～13万円くらいになったことがあるんです。

そうしたら、同じお店のベテランのパートさんが、<u>3ヶ月連続で10万円以上稼ぐと、夫の扶養から外れてしまうことがある</u>と教えてくれました。
それはとっても困るんですけど、私、大丈夫でしょうか？

（これは、あちゃーな状況かもな……）
うーん、結論から言うと、扶養から外れてしまう可能性があります。

あ〜〜〜、やっぱり……。しまったなぁ〜。

金額をもう少し正確に言うと、**月額108,334円、およそ10.8万円**ですね。おおよそこれ以上の金額を３ヶ月連続でパートで稼ぐと、旦那さんの社会保険の扶養から外れてしまう危険性が出てきます。

ただ、３ヶ月連続で月収が約10.8万円を超えたからといって、ただちに扶養から外れるわけではないんですよ。

💴 社会保険ではカレンダー上の１年間の収入では見ない

えっ?? そうなんですか？
私、助かる可能性出てきました？

社会保険での所得の考え方って、１〜12月のカレンダー上の年間収入で見るのではなくて、**現在から将来にわたっての１年間の所得の見込額で計算する**ことになっているんです。

で、その見込み額を算定する際には、原則としては過去の直近３ヶ月間の平均給与額で算定するルールになっています。
そのため、直近過去３ヶ月間の平均給与が、今回のこうさんみたいに１ヶ月あたり10.8万円を超えてくると、12ヶ月間（１年間）でだいたい130万円を超えるだろうとみなされて、旦那さんの社会保険の扶養から外される可能性が高くなるわけです。

次ページの**図29**にまとめておきますので、あとでそちらもチェックしておいてください。

未来のことはわからないから、過去の実績で判断されるということですか？

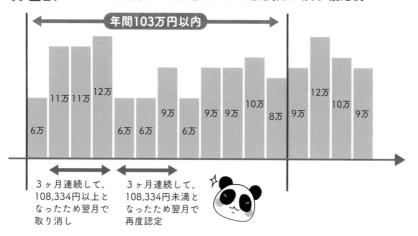

》》図29　3ヶ月連続10.8万超えによる扶養外れ及び復活例

年間103万円以内

6万　11万　11万　12万　6万　6万　9万　6万　9万　9万　10万　8万　9万　12万　10万　9万

3ヶ月連続して、108,334円以上となったため翌月で取り消し

3ヶ月連続して、108,334円未満となったため翌月で再度認定

そうです。

ただ、この計算ルールだけで厳密に運用すると、もしその翌月以降の平均給与額が約10.8万円を下回るようになったら、またすぐにその人を扶養に入れる手続きをしなくてはなりません。

さらに、その人の給与が再度3ヶ月連続で約10.8万円を超過したら、また扶養を外す手続きをしなければならないなど、事務手続きがめちゃくちゃ煩雑になってしまいます。

そのため、わりと柔軟な運用が認められていて、<u>直近過去3ヶ月間の平均給与だけでなく、雇用契約書の定めや、勤務条件などとも照らし合わせて、総合的に今後1年間の収入の見込みを判断することもOK</u>になっているんですね。

うん？ えっと、よくわかりませんけど、基準がかなりあいまいで、ぐちゃぐちゃなんだな〜ってことだけは、なんとなくわかりました。

明確な基準があっても、それを厳密に守ると現場が回らないので、あえてグレーゾーンを残しているんでしょうね。

で結局、私を社会保険の扶養から外すかどうかは、誰が判断するんですか？

最終判断は、旦那さんの勤務先が加入している健康保険組合がしているはずです。
なので、旦那さんの勤務先の総務の方にまずは相談してもらって、こうさんの平均月額給与が高かったのは一時的な事情で、1年間の見込みでは130万円以下になるので社会保険の扶養を外さないでほしい、ということを雇用契約書等を示しつつ相談するのがいいでしょうね。

あとは、その健康保険組合の判断になります。

わかりました！ じゃあ、早速ダーリンに言って、会社の総務さんに相談してもらいます！
先生、ありがとうございました！

（旦那さんのことを「ダーリン」って呼ぶ人、実在したのか……）
あ、はい、頑張ってください。

まとめ

● 社会保険料の被扶養者要件である年収130万円の基準を判定する際に、3ヶ月連続でおよそ10.8万円を超えると、年収では130万円を超えない予定でも、扶養を外されてしまう危険性がある。
● 過去の平均給与だけでなく、雇用契約書や勤務条件等とも照らし合わせた上で、将来の1年間の見込額で判断されることになっているが、機械的に外されてしまうこともある。事前に配偶者の勤務先の総務部などに相談して、事情説明などをすると、扶養から外れるのを回避できることがある。

·06

夫が個人事業主の場合、私がパートに行く際に「130万円の壁」や「106万円の壁」は関係ありますか？

質問者 寺村のぶえ

パート主婦　35歳
夫は個人事業主、子：5歳幼稚園
事務用品店で勤務

▶ 関連動画再生回数
21万回

¥ 個人事業主の配偶者の場合、事情が少し変わってくる

先生、どうも。少し聞きたいんですが。

ハイハイ、どんなことでしょうか？

先日から、パートで月8万円ほどの収入を得ています。
「130万円の壁」を気にして働いていたのですが、昨日、夫に「個人事業だと扶養は関係がないから、130万円の壁は気にしなくていいよ」と言われました。
これは、どういう意味なんでしょうか？　まったく意味がわからないので、詳しく教えてほしいのですが……。

わかりました。
まず結論から言うと、旦那さんのおっしゃる通り、のぶえさんについては「130万円の壁」は関係ないですね。

そうなんですね。

まず、「所得の壁」について考えるときには、税金と社会保険の2つの面を考えないといけません。

このうち税金に関しては、旦那さんが会社員であろうが個人事業主であろうが、旦那さんが利用できる「配偶者控除」や「配偶者特別控除」の適用要件は同じです。
正式に結婚してさえいれば、旦那さんの職業が何であれ、のぶえさんがその配偶者であることは変わりませんからね。
のぶえさんの収入が150万円になるまでは、旦那さんの税金計算時に所得控除38万円が適用されますし、それ以降もおよそ201万円までは段階的に所得控除を得られます。

そして、所得税が非課税で済む「103万円の壁」については、これも誰であろうと変わりませんから、変わらず適用されます。のぶえさんがそれを超えて稼いだ場合には、その部分には税金がかかってきます。

はい。それはそうですよね。わかります。

配偶者控除と配偶者特別控除については、この章の最初の項でさち子さんにもお伝えしたので、そちらも再確認しておいてくださいね。

さて、税金の面からの確認は以上で、基本的には旦那さんの職業によって変わるところはありませんでした。
ところが**社会保険の面に関しては、旦那さんの職業で、条件が大きく変わってくる**のです。

ポイントは、会社員などが加入する「**健康保険**」と、個人事業主やフリーランスなどが加入する「**国民健康保険**」の制度の違いです。
この2つは、どちらも社会保険制度の下にある公的な医療保険なんですが、総じて「国民健康保険」より「健康保険」のほうが、有利な条件が用意されているんです。

そうなんですよねぇ……。

会社員などの給与所得者が加入している「健康保険」では、奥さんや子供の収入が年130万円以下であれば、旦那さんの払っている保険料だけで、奥さんや子供は追加でお金を払わなくても「扶養」に入れてもらえ、タダで健康保険証がもらえます。

ところが、個人事業主やフリーランスの加入する**「国民健康保険」には、この「扶養」という制度・概念自体がないため**、奥さんや子供もそれぞれ別々に保険料を支払って、国民健康保険に入らないとダメなんです。

「扶養」認定で、タダで加入させてはもらうことはできないんですね。

そうです。
だから、旦那さんの職業が個人事業主であるのぶえさんは、健康保険で奥さんが扶養から外れるかどうかを判断する「130万円の壁」については、そもそも国民健康保険には「扶養」の制度・概念がないために気にする必要がないんです。

なるほど、そういうことなんですね。
じゃあ、配偶者特別控除もあることだし、私の場合はシフト調整はあまり気にせず、バリバリ働いてもいいんですね。

(¥) 「106万円の壁」はむしろ超えたい

ちなみに、パート先の会社の規模等によって、会社が条件に該当する従業員を社会保険に加入させなければならない「106万円の壁」は、旦那さんの職業とはまったく関係がない制度です。そのため、のぶえさんにも関係してきますよ。

ただ、これは**むしろ該当したほうが有利になります**ね。
従業員数101人以上（2024年10月以降は51人以上）の会社で、条件に合う働き方で年間106万円以上稼げば、国民健康保険や国民年金ではなく、より条件のよい健康保険や、厚生年金に加入できるわけですから。

それもそうですね。
やっぱり、どんどんシフトを入れていくことにします！

¥ 法人化によって社会保険料の負担を減らせる！

ちなみに、旦那さんが個人事業者やフリーランスのご家庭では、国民健康保険や国民年金の保険料がサラリーマン家庭の場合よりかなり多く、しかも家族それぞれの加入や支払いとなるため、<u>家族が増えれば増えるほど、社会保険料の負担がしんどくなっていきます。</u>

なので、もし今後もご家族が増えそうであったり、負担が重いと感じていたりするのであれば、<u>事業を早めに**法人化**してもらい、旦那さんがその会社から報酬をもらう形にすると、旦那さんが各種の社会保険に加入できる状態</u>がつくれるでしょう。
すると、健康保険についても、旦那さんの負担だけでご家族もその扶養に入れるようになるので、よりオトクに各種社会保険のサービスを受けられる可能性があります。年金についても厚生年金になりますから、かなりラクになるのではないでしょうか。

顧問の税理士さんなどに相談して、どちらがオトクなのか、一度シミュレーションしてもらうといいですよ。

なるほど。そういう手もあるんですね～。

ちなみに、ここだけの話ですが……、僕は公務員時代よりも収入は増えていますが、実は社会保険料は80万円以上安くなっているんですよ？
自ら法人を設立して、その法人からもらう報酬をあえてかなり安くすることで、社会保険料の負担もグッと少なくできるという節約法です。
家族も、もちろん僕の社会保険の扶養に入っていますので、追加で保険料を負担する必要はありません。

それは、すごいですね!?
しかもこれ、書籍の紙上相談ですから全然ここだけの話じゃないですよ！ 大丈夫ですか？

元国税の税理士ですから、その辺は抜かりありません。大丈夫です。（笑）

法人の代表者であり、個人事業の税理士でもあるという環境があるために可能になる方法です。

ここまでの金額の節約はちょっとむずかしいかもしれませんが、法人の設立も昔と比べれば随分ハードルが低いものになっているので、法人化とそれによる社会保険料の節約自体は、比較的、誰でも実施できる節約策だろうと思っています。

同じ収入なのに、立場を少し変えるだけで、負担額が一気に変わる例ですね。

神すぎるアドバイスですね〜。
ぜひ、ウチの旦那の顧問をしてもらいたいくらいです！

残念ながら、顧問業はやっていないんでご勘弁ください。（笑）

僕が顧問するよりも、市場には優秀な方がたくさんいらっしゃるので、ネット検索などで探してみてくださいね。信頼できる方に紹介を頼むのでもいいですし。

やっぱり、人間向き・不向きがありますからねぇ。僕は顧問業ではなくて、より多くの方に適正な情報を届ける仕事に力を入れていきたいと思っています。

みんなの疑問を、いっぱい、すっきり解決し続けてくださいね！
先生、どうもありがとうございました。

ま と め

● 夫が個人事業主やフリーランスの場合、社会保険に加入しておらず（任意継続は除く）、扶養という概念がない。そのため、夫婦がともに国民健康保険や国民年金の保険料を支払っており、夫の扶養に入っているわけではないから、「130万円の壁」を気にする必要がない。

● 大黒柱が個人事業主やフリーランスの家庭で、「国民健康保険」や「国民年金」の保険料の負担が重い場合には、法人化して「健康保険」や「厚生年金」に加入し、抜本的に負担を軽減するのも1つの方策である。

一読すると ➡ 「106万円の壁」についてよくわかる！

·07

社保逃れで会社にシフト制限を強要されています。もしかして、これって違法じゃないですか？

質問者	シンママ大竹

30歳　子供7歳　シングルマザー
倉庫で軽作業勤務

¥ 週20時間以上の勤務実態があれば、会社に社会保険加入義務が発生

2022年10月から、要件を満たした従業員を社会保険に加入させないといけない会社の範囲が拡大されたらしいですね。
実は、私の勤務先の社長が、その新ルールを回避するために小細工をしているみたいなんです。
社会保険への加入をイヤがっているのか、私たちアルバイトが1週間に20時間以上、働けないようなシフトを組んでいるんです。
これ、もしかして違法だったりしませんか？

なるほど……心情的には「えっ？」となってしまうところですが……**企業努力**です。法律に違反しているわけではなさそうです。むしろ、ある意味ではちゃんと法律を守ろうとしているわけで、僕の立場からはあんまり悪くは言えないかなぁ……。

あれ、そうなんですか？
最近、社長のことが人間的に嫌いで……呼吸音すらカンに障るんで、つい疑ってしまいました。

（呼吸音すら……・笑）
勤務条件の変更に伴うスタッフの退職リスクや、欠員補充のための今後の人材獲得コスト、採用後の教育コストなんかも考慮したら、総合的にベストな対応かどうかはわかりませんけどね。

実際に、こうして私にも不信感持たれていますしね。（笑）
周りの同僚も、これじゃあ稼げないって結構、イヤがっていますから、辞める人もそれなりに出る気がするんですよね。
あ〜、……私も辞めるかも……。

では、辞める前にこれだけは知っておいてもいいかもしれませんね。
おそらく、**会社としてはその強引なシフト調整によって、数千万円の節約効果を期待している**と思います。

えっ、数千万円も変わるんですか!?
じゃあ、私が社長でも、同じことをするかもしれません！（笑）

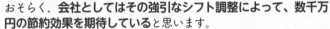

¥ 会社の社保逃れ策は、悪いことばかりでもない!?

シミュレーションをしてみましょうか。
まず、お勤め先の会社を運営するにあたって、必要な稼働量を仮定します。
今回、社会保険加入の対象範囲になったということは、従業員数が101人以上いるはずですから、とりあえず週26時間働いていたパート・アルバイトさんが、計算しやすいように丸めて100人いたと仮定します。
この場合、1週間の必要稼働量は2,600時間になります。
この2,600時間の必要稼働量を、週20時間未満しか働けないパート・アルバイトさんで確保しようとすると、単純計算では137人雇う必要が出てきます。

ふむふむ。
となると、結構な人数を新規で採用しないとダメですね。

》》図30　社会保険料　週20時間対策前後の負担額比較表

	稼働時間（時間）	人数（人）	必要稼働量／週（時間）	必要稼働量／月（時間）	給与／月（円）	社会保険／月（円）	社会保険／年（円）
	a	b	c（a×b）	d（c×4週）	e（d×1,000円）	f（e×15%）	g（f×12か月）
対策前	26	100	2,600	10,400	10,400,000	1,560,000	18,720,000
対策後	19	137	2,603	10,412	10,412,000	—	—

そうですね。
肝心なところはここからで、**図30**をご覧いただければわかるように、社会保険対策のシフト制限をせず、これまで通り100人で会社を回した場合と、シフト制限をして137人で会社を回した場合とを比較してみます。

すると、社会保険対策をした場合には、会社が従業員に支払う給与総額はほとんど変わらず、社会保険料の会社負担分も発生しないのに対し、従来の体制のままだと、**新たに社会保険料の会社負担分が毎月約156万円、年間では約1,872万円も発生する**ことになります。

1,872万円！

会社としては、<u>何の対策も取らなければ、昨日までの体制と変わらないのに、いきなり年間1,872万円の負担が新たに発生する</u>んですよ。これは、かーなーり、痛いはずです。

法律の力って、すごいんですねぇ。

そうなんですよ。
対策を講じたとしても、37人ものスタッフを新規採用しないとダメだし、条件に合わず辞めていく人もいるだろうし、新人の教育コストも見込まないとダメなので、これはこれで、なかなか大変ですよね。

新人さんが入ってくると、私たちが教えないといけないから負担も増えますしね〜。
ところで、図を見ると、**肝心なスタッフの手取りは、全体ではあまり変わらないんですね。**ちょっと意外です。

そうですね。勤務時間の調整など何も対策をしなかった場合、会社の負担は先ほどお伝えした通り毎月156万円増えるのですが、社会保険料は労使折半になっているので、パート・アルバイトさんも社会保険料の自己負担分は払わないといけなくなります。
そのため、毎月約15,600円が新たに給与から天引きされることになります。
会社を回すには従業員1人あたり104時間の稼働が必要ですから、この場合、従業員1人あたりの手取り月額は88,400円（104,000円－15,600円）となります。

一方、社会保険対策を講じた場合では、従業員1人あたり週19時間、月間では76時間しか働けないものの、手取りの月額が76,000円となります。

対策なしと対策ありの場合を比べると、対策なしでは従業員1人あたり28時間（104時間－76時間）多く働いているのに、従業員1人あたりの手取りの増加額は、たった12,400円にしかならないんです。

うわー、それは効率が悪いですね。
時給換算すると、その部分の時給単価ってどれくらいですか？

12,400円÷28時間で約442円ですね。
だから、**会社にとってもスタッフにとっても、シフト制限で社会保険対策をしない場合、まったく望まない結果になってしまう可能性が高い、**ということなんですね。

なるほどねぇ、あの社長も、一応はいろいろ考えているのかぁ。
……それにしても、もし会社が対策をしなかったら、年間1,800万円以上も会社の負担が増えていたんですよね？
そのお金は、一体誰が受け取っていたはずなんですか？
ただただ、国が会社からも従業員からも吸い上げているだけ、という話ですか？

¥ 中小企業の社会保険負担をこれ以上増やすのは……

この新しい制度は、そもそもは非正規労働の方たちを救う目的で法整備されたものなので、お金は社会保険に行きますね。まぁ、要するに国などです。

なるほどです。でも、やっぱり……弱者救済に見せかけて、経済的弱者から国がお金を吸い取っているようにしか思えないんですけど……。

そうなんですよね～。
今回のケースだと、会社からの1,872万円に加えて、労使折半なので同額の1,872万円が従業員からも社会保険料として新たに吸い上げられて、合わせて3,744万円（1872万円×2）が国などに入る形になっていたわけですからね。
非正規社員を社会保険に入れるのはいいのですけど、個人的にはそれより、非正規社員が正社員になれるような環境整備のほうが大事な気がします。

いろいろと意見のあるところですが、国税局職員として、また税理士として多くの中小企業を見てきて、**最近は中小企業に義務や責任を負わせすぎている**気がしますね。
社会保険料が労使折半というルールもそうですけど、源泉徴収や年末調整などの手続き面での義務についても、非常に手間やストレスが発生するものですから。
中小企業が人を雇用するハードルが、どんどん高くなっている気がします。

従業員にとっては、社会保険の負担が増えるのはイヤですけど、代わりに将来の年金受給額が増えたり、健康保険に入れたりするメリットは一応ありますからね。
だけど会社は、単純に負担が増加するだけなんでしょ？

そうなんですよね。だから、シフト制限を強制してきた社長さんの気持ちも、少しはわかってあげてください。

あ～、まぁ、今回のシフト制限の狙いは理解できましたけど……。
私がアイツを人間的に嫌いなこととは、別問題ですからね。

（これ以上は触れんとこ・笑）
では、お疲れ様でした。
次の方どうぞ!!

まとめ

- 社会保険の加入要件（週20時間以上労働や月額賃金88,000円以上など）を回避できた場合、会社・従業員ともに負担を減らせる場合がある。
- 会社が社会保険対策をしないことで、効率が悪い働き方になってしまう場合もある。
- 従業員には負担増大の代わりに社会保険加入のメリットもあるが、会社にとっては一般的にデメリットのほうが大きくなることが多い。

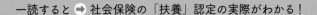

もうすぐ会社を辞めますが、
もう一度、親の扶養に戻れますか？

質問者 **平田てるお**

24歳。新卒で社会人になったものの、
職場が合わず3月末に退職予定
父、母と実家暮らし

関連動画再生回数
6万回

¥ 同世帯で会社を辞めた子供の扱い

じてこ先生、お久しぶりです。

あれ？ 前に、就職後のことについて質問を受けた方ですよね？

そうなんですが……実は、新卒で入社した会社がまったく合わず、
1年目の春をメドに会社を辞め、資格取得を目指して4月から専
門学校に通い直すことにしました。

そうなんかぁ〜。まぁ、再就職にはちょっと不利になるけど、ま
だ若いし、資格も取るならなんとかなると思いますよ。頑張って
ください。

ありがとうございます。
それで、今はまだ会社に勤めていますが、退職して専門学校に入り直したら、以前のように親の扶養に入ろうと思っています。これ、可能でしょうか？
今年、会社で得た給与によって、すでに130万円以上稼いでいるんですが……。
もし扶養に入れないなら、税金や社会保険の負担がどうなるか心配です。

つまり、年の途中で会社を辞めた場合、税金面や社会保険の面で親の扶養に戻れるのか？ という質問ですね？

答えとしては、**税金計算上の今年の扶養には入れないけど、社会保険の扶養には入れそう**ですね。
扶養を考えるときって、税金と社会保険の2つの面で考えないとダメなんですけど、税金は扶養控除の扶養対象者の1〜12月の収入が103万円を越えるかどうかで判断されるので、すでにてるおさんの収入が130万円を超えているということは、今年は親の税金計算上の扶養に入ることができないし、ご自身の税金も発生します。**図31**の通りです。

>> 図31　　税金と社会保険の扶養判定

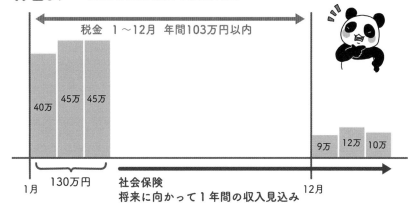

なるほど。まぁ、税金は仕方ないですね。

そうそう。納税は国民の義務ですしね。
とはいえ、103万円を超えている部分だけに税金がかかってくるので、そんなに大きな負担にはならないはずですよ。
源泉徴収ですでに給与から天引きもされているはずなので、追加の負担はあまりないでしょう。場合によっては、確定申告で還付金も受け取れるかもしれません。

あ、確かに、源泉徴収されていました。
この部分はそんなに心配する必要はなさそうですね。

¥ 社会保険では「今後1年間の見込み年間所得」で考える

で、もう1つは**社会保険の所得の考え方**なんですが、これは実際のカレンダー上の1年間の収入ではなく、現時点から将来1年間にわたっての収入の見込みで計算するんですね。
その見込額を計算する際に、直近3ヶ月の平均給与額を使ったりするんですけど、退職などで大きく状況が変わったときには、その状況の変化に応じて将来の見込み額を再計算することになるので、今回のケースだと扶養に入れると考えてよいと思います。

助かります！ 会社を辞めるまでは自分で社会保険に入っているけど、辞めて再入学したあとは親の社会保険で扶養に入れてもらえるから、自分で国民健康保険などには加入しなくてもいい、ってことですね。

そうなりますね。あ、おそらく親御さんの健康保険組合での手続きも必要になりますから、気をつけてくださいね。

わかりました。父に頼むようにします。

今回は専門学校への再進学ということなので、**失業手当**は関係な
い、と言うかもらえないと思いますが、退職時の「よくあるケー
ス」として、参考に失業手当についても少し話しておきますね。

退職後、失業手当をもらうとなった場合には、税金の計算上は失
業手当金は非課税になるため所得に含めなくてもいいんですけど、
社会保険の被扶養者の判定額には含めることになっているので、
月額108,333円を超える失業手当をもらう場合、親の扶養から外
れないといけなくなります。

退職前の会社の給与水準が高い場合には、この点にも十分注意を
して、失業手当をもらうか、もらわないかの損得判断をするよう
にしてください。

ムズっ!! 税金と社会保険って、ほんと複雑でむずかしいですね……。
まぁ、今回は関係なさそうですが、知り合いにも近々退職を考え
ている人がいるんで、そっちにも教えてあげるようにします。
ありがとうございました！

資格の勉強、がんばりや〜。

ま と め

● 年の途中で会社を辞めた場合、親の扶養に戻れるかどうかは、税金に関
　しては1〜12月までの収入が103万円を越えているかどうかで判断される。
● 社会保険上の扶養に関しては、その時点から将来1年間の見込み年収が
　130万円未満かどうかで判定される。

一読すると ➡ 高収入だからこそ起こりがちな問題がわかる！

夫の年収が1,300万円もあるのに家計がカツカツなんですが、一体どうしてなのかしら？

| 質問者 | 自慢突き上げ婦人 |

49歳　夫55歳（高収入、高学歴、高身長）
長男20歳（慶応大学）
長女17歳（私立高校）

関連動画再生回数
NEW!

¥ 年収1,000万円超えでも、実は生活がしんどい??

先生、ウチの主人は年収1,300万円超えの超・一流企業の役員なんですけど……実はいろいろとストレスが溜まっていますの。先生にぶちまけてもいいかしら？

（いや、「お金や税金の質問コーナー」なんやからふつうにアカンやろ……。しかも「一流」に「超」までつける感じ、モンスター相談者でないとええけど……）
ちょ、ちょっと奥さん、人生相談ではないんで、ストレスはぶちまけんといてください。（笑）
お金や税金のことについてなら、答えられますけども！

そう。でも安心して。お金と税金についてのストレスの話よ。

……まぁ、でしたらかまいませんが。
奥さん、人生勝ち組の豊かさオーラが滲み出ているじゃないですか？ 何か問題があるんですか？
僕なんかのお話で奥さんの何かの救いになるのであれば、どうぞ、お話しください。

先生、そこですよ。
実は、もう豊かさオーラを出すのに疲れているんです。

えっ？ どういうことですか？

「超・一流企業の会社役員らしく」とか、「超・一流企業の会社
役員の妻らしく」するために、いちいち、出費がかさむんですの。
仕事上のお付き合いで主人が飲みに行けば、立場上、会計は主人
が持つことが多いですし、お世話になっている方へのお中元やお
歳暮なんかも欠かせません。
車もそれなりのものに乗らないといけませんし、住まいも都内の
一等地です。子供たちの教育も、恥ずかしくない進路に行かせる
ために中学受験や高額な進学塾に行かせるとか、セレブらしく振
る舞うのって、意外にお金がかかるんですのよ！？
主人が年に1,300万円も稼いでくれているのに、なぜか、全然生
活に余裕がないんです！

（自分で自分のことをセレブって言うんや……）
はー、そうなんですねぇ。なるほどなるほど、所得が高い世帯に
は、所得が高いゆえの悩みも存在するわけですね。
豪華な生活をして幸せそうに見えても、それが本当に幸せかどう
かは別物とも言いますし……。外国の調査では、年収800万円く
らいの人が一番、幸福度が高いとするデータもあるみたいですね。

そういうものかもしれませんわ。
セレブにはセレブの悩みがあるんですの。

（……まぁ、セレブ自称には突っ込まんほうがええやろうな・笑）
基本的には、**たとえ低収入でも、逆にどんな高収入でも、すべ
ての家庭は無理なく生活できる、身の丈に合った生活レベルを
維持するよう気をつけましょう**、というアドバイスになりますね。

年収が低い方は、比較的に節約重視の生活ができている、と言う
か、そもそもお金がないのでそういう生活を強いられている場合
が多いのですが、高収入の方の場合は手元のお金の制約がないの
で、意外に生活レベルを上げすぎてしまうことが多いようです。

世の中、上には上がいますからね。お金は使おうと思えばいくらでも使えるのですが、年収1,000万円台の人が、年収1億円台の人と同じ生活をしたら、いくら高収入の方でも破綻してしまいますよ。

一度上げた生活レベルはなかなか下げにくいものですが、我慢したり妥協したりできるところから、少しずつ節約的な生活を心がけることをお勧めします。

……言いにくいことを、ズバリと言う先生ですわね。

どうも、すいません。

¥ 会社の仕事関係なら経費にできる

でも、まぁ確かに、不要な支出については見直さなければいけないんでしょうね。

……たとえばですけど、主人がお付き合いで会社の人なんかに奢（おご）っている飲み会の費用や、お中元・お歳暮などの代金は経費にできないのかしら?

旦那さんご本人の税務上の経費にするのはむずかしいですね。ただ、お勤め先の一流企業の会社経費には、できるものがありそうです。つまり、支払い時に会社宛の領収書をもらって、のちほどお勤め先で経費精算してもらう形です。

会社の業務に役立てるために会食したり、お中元・お歳暮を送ったりしているのであれば、ふつうに経費で落とせる支出は多いと思いますよ?
変な見栄をはらずに、会社の経費にできそうなときには細かく領収書をもらうように、旦那さんに相談してみてください。
役員さんにまでなっているのだから、その辺りのさじ加減は、ご本人も十分承知しているはずですよ。

ただし、同じ会社の社員同士で、ただ親睦のために飲んでいるような場合には、会社の経費にはできない場合も多いと思います。
……そういえば、私の国税時代の上司なんかも、部下や後輩の指導には信頼関係が大事だと言って、よく自腹で奢っていましたねぇ。

そういうところが、サラリーマンは税金の面では損していると言われる原因なのかしら。
会社での人付き合いのために飲んだりしていても、すべては会社の経費にできないことがあって、さらに自分の税金計算のときにも経費にできないのよね？

そういうことになりますね。
実際、会社経営者なんかだと、経費にできる範囲がサラリーマンよりかなり大きいのは確かです。

（¥）各種税制控除や児童手当でも高収入は不利！

……ほかにも、セレブだと不利なことって何かあるのかしら？

旦那さんの年収が1,300万円以上ということは、**税制面では各種控除はほとんど受けられないでしょう**ね。
児童手当についても、もらえなくなりますね。

そうなのよね。下の娘ももう高校生だから今は関係ないけど、中学生までの間、息子を含めて児童手当はまったくもらえなかったわ。どのくらい損しているものなのかしら？

児童手当は、中学校卒業まで（15歳の誕生日後の3月31日まで）の子供を対象に、少なくとも総額198万円はもらえますね。奥さんの場合はお子さんが2人いらっしゃるので、×2で合計396万円はもらえていない計算になります。

1人198万円で、2人で396万円!? ほとんど400万円ね。
今はちょっと生活が苦しいから、もらえるものならもらいたかったわ。

》》図32　児童手当の支給額〔2022年10月〜〕

※扶養している配偶者と子供2人がいる4人家族の場合

世帯でもっとも収入が高い人の年収額の目安	子供1人あたりの支給額（月額）	
1,200万円以上	0円	
960万円以上	特例給付	5,000円
960万円未満	0〜2歳	1万5,000円
	3歳〜小学生	1万円（第3子以降は1万5,000円）
	中学生	1万円

あとですね、これは言わなくてよいことなのかもしれませんけど、この児童手当の給付基準って、各家庭の大黒柱の方の年収が1,200万円以上かどうかで判定されるんです。
つまり、夫婦合算した世帯年収で判断されるわけではないんですね（**図32**参照）。

と言うと？

たとえば、共働きで年収700万円と600万円の夫婦の場合、世帯年収は奥さんのところと同じ1,300万円なんですが、大黒柱の年収は700万円なので、児童手当をもらえるんです。

あらっ！ それは知らなかったわ。しかも、税金の計算のときには各種の控除も受けられるのよね。
「超・一流企業の役員の妻です！」みたいな振る舞いをする必要がないから支出も抑えられるでしょうし、もっと言ったら、旦那さんも家事とか育児とか協力してくれそうね……。

そうなんですよ。夫婦どちらかが高収入を得るよりも、共働きでお互いにそこそこに稼いでいる夫婦のほうが、いろいろと税金やお金の面では有利なんですよねぇ。
「**公務員夫婦最強説**」を提唱していた同期も昔いましたね。

そうなのね……それに比べてウチの主人ときたら、「俺が食わせてやっているんだ」感を出してくるし、仕事の延長線上でなのか自宅でも偉そうにするし……家事もしないし、子育てにも非協力的だったし……私の選択はまちがいだったのかしら？
でも、セレブと言ったら専業主婦だし……ブツブツ……

（あかん、完全に自分の世界に入ってしもうた・笑）
あ、ちなみにこの本を書いている段階で、政府は少子化対策の一環で2024年中には児童手当の所得制限を撤廃することを検討していますから、今後は所得に関わらず、児童手当をもらえるようになるかもしれません。
支給年齢についても、18歳までの延長が検討されていて、これについては東京都など独自に実施を検討している自治体もありますから、もらえる範囲は近く拡大されるかもしれませんね。
関連ニュースは要チェックです！

……ブツブツ……

……そんな感じで、お疲れさまでした。次の方どうぞ〜！

ま と め

- 年収が高くても、身の丈に合った生活レベルを維持する必要があるのは同じ。見栄で支出を増やしすぎ、家計が火の車になっているケースは案外多い。
- 年収が高いと、恩恵を受けることができない税金計算上の控除があったり、もらえない手当もある。
- 政府が進める「異次元の少子化対策」において、児童手当の所得制限の撤廃や支給終了年齢の段階的引き上げ等が議論されているので、今後の動向には注意しておきたい。

所得の壁ってほかにもいろいろあるんでしょ？全部教えて！

質問者 SASUKE命の福田

26歳　年収290万円

不動産会社勤務　独身

サラリーマン川柳への応募が趣味

関連動画再生回数
42万回

¥ 所得の壁を思いつく限り並べてみました

じてこ先生、「**サイレントウォール**」って知ってますか？

「サイレントウォール」ですか？
いや、まったく聞いたことがないです。

「見えざる壁」のことですよ。
僕の趣味の川柳風に言えば、「知らないで 稼ぎすぎると めっちゃ損」ってなもんです。
たとえば「**201万円の壁**」とかのことですね。

（うーん、もうちょっとうまいこと詠んでほしいな……下の句、ぐちゃっ！ってなってるやん……）
あー、「所得の壁」のことですかね。それが、どうしたんですか？

あのですね、「103万円の壁」と「130万円の壁」はメジャーじゃないですか？
ここまでの説明で「106万円の壁」も覚えましたけど、ほかにも隠れた「見えざる壁」がたくさんあるらしいって小耳に挟みまして。

確かに、ありますね。最近、政府が少子化対策の一環でいろいろな**所得制限**の撤廃を検討していることがニュースで話題になっていますけど、それらの所得制限の境目が「壁」と言われることが時々あります。
103万円、106万円、130万円のいわゆるメジャーな「所得の壁」は、どちらかと言えば、収入の比較的少ない方を救済するための壁なんですけど、逆に、所得が高くなるとともに、それまでもらえていたものがもらえなくなる、国の庇護から外れる境目の壁もあって、最近はそちらがクローズアップされる傾向が強くなっている気がします。

なるほどですねぇ。先生、そういった所得の壁について、全部教えてもらえませんか？

承知しました。では、一気に挙げていきましょう。

金額が小さいほうから、**98万円の壁、100万円の壁、103万円の壁、106万円の壁、130万円の壁、150万円の壁、201万円の壁、510万円の壁、775万円の壁、850万円の壁、875万円の壁、910万円の壁、917万円の壁、960万円の壁、1,002万円の壁、1,040万円の壁、1,195万円の壁**くらいが思い当たるところです。

それぞれの壁が何の境目・基準にあたるのかは、**図33**にまとめておきましたので、そちらで確認してください。

ちょ、先生、もういいです……。無理です……。
とても覚えられませんから、僕がサイレントしておきます。

ですよね……。（笑）
でも、実はグループ分けをすると、そんなに種類はないんですよ？大きく2つに分類できます。

そうなんですか？ じゃあ、解説をお願いします。

》図33 「所得の壁」一覧表

	年収(給与)※	種別1	種別2	誰の所得	負担者	受益者	備考
1	98	住民税	（均等割）地方	本人	本人	−	
2	100	住民税	（均等割）都市 住民税（所得割）	本人	本人	−	
3	103	所得税	所得税がかかる	本人	本人	−	
4	103	所得税	配偶者控除がなくなる 扶養控除がなくなる	配偶者 扶養家族	本人		
5	103	企業 （福利厚生）	家族手当がなくなる （一部企業）	配偶者 扶養家族	−	本人	
6	106	社会保険加入	社会保険加入	本人	本人	−	従業員101人以上。 2024年には51人以上の企業 に適用拡大！
7	130	所得税	勤労学生控除がなくなる	本人	本人	−	
8	130	社会保険	扶養外れる	配偶者 扶養家族	本人		
9	150	所得税	配偶者特別控除が 段階的に減少	配偶者	本人	−	
10	201	所得税	配偶者特別控除が なくなる	配偶者	本人	−	
11	510	住まい 給付金	住宅購入時の給付	本人	−	本人	
12	775	住まい 給付金	住宅購入時の給付	本人	−	本人	
13	833	手当等	0人（前年末に児童が 生まれていない場合）	本人	−	本人	
14	850	所得税	給与所得控除額	本人	−	本人	
15	850	年金	遺族年金	遺族	−	遺族	
16	850	年金	加給年金・振替加算	配偶者 （扶養）	−	配偶者 （扶養）	
17	875	手当等	1人（児童1人）	本人	−	本人	
18	910	手当等	高校無償化	世帯	−	本人	高等学校等就学支援金制度
19	917	手当等	2人（児童1人＋年収 103万以下配偶者）	本人	−	本人	
20	960	手当等	3人（児童2人＋年収 103万以下配偶者）	本人	−	本人	
21	1,002	手当等	4人（児童3人＋年収 103万以下配偶者）	本人	−	本人	
22	1,040	手当等	5人（児童4人＋年収 103万以下配偶者）	本人	−	本人	
23	1,195	所得税	本人：配偶者控除及 び配偶者特別控除の 適用がなくなる	本人	本人	−	配偶者控除及び配偶者特別 控除の適用がなくなる壁

※千円以下端数切り捨て、2023年6月現在

1つは、「**超えると負担が増えるグループ**」です。給与所得控除、配偶者関係の控除、扶養控除など税金の各種の控除と、社会保険の扶養の対象になるかどうかが判定されます。
具体的には、98万円の壁、100万円の壁、103万円の壁、106万円の壁、130万円の壁、150万円の壁、201万円の壁、850万円の壁、1,195万円の壁ですね。

もう1つは、「**超えると、もらえていたものがもらえなくなるグループ**」で、児童手当、**高校無償化**、**すまい給付金**、各種年金に関係する壁です。
具体的には、510万円の壁、775万円の壁、833万円の壁、850万円の壁、875万円の壁、910万円の壁、917万円の壁、960万円の壁、1,002万円の壁、1,040万円の壁です。

（¥）所得控除は壁の金額オーバーを予防するのにも利用可能

なんと言うか……壁だらけですね。

メジャーな106万円とか130万円の壁など、壁によっては1円でも超えると一気に負担が増加したり、大きな金額をもらえなくなったりするものもあります。そういう壁のギリギリまで稼いでしまったときには、扶養控除や医療費控除、iDeCoなどによる所得控除を上手に使って、課税所得を減らすようにするのも大切ですよ。

そうか、多くの壁は給料から所得控除を引いた額で判定されるから、所得控除として申告できる経費があれば、壁の計算時の所得を減らせるんですね。
特に医療費は、細かく集計して確定申告をしても、それ自体で還付される金額は少ないので集計の手間を考えたらわりに合わないな〜、なんて考えていましたけど、課税所得の額を下げる効果はあるから、所得の壁を超えてしまうのを防ぐためなら、手間をかけて申告する意味はありますね。

そうなんです。

いや、勉強になりました。どうもありがとうございました。

ここに挙げた壁は、今後の制度改正の内容によっては変わるものも出てくるでしょうから、興味があれば、ご自分で国税庁ウェブサイトの最新情報を確認することも忘れないでくださいね。
そしてもちろん、じてこ先生のSNSも要チェックです！

了解で〜す。

まとめ

●所得の壁は、細かいものも含めると20以上ある。
●大きく分けると、「超えると負担が増えるグループ」と「超えると、もらえていたものがもらえなくなるグループ」に分類できる。
●多くの壁は、収入から所得控除を引いたあとの金額で判断されるので、扶養控除や医療費控除、iDeCoなど確定申告できる所得控除項目があるのなら、手間を惜しまず申告すべきである。

第 **4** 章

非常識！な節税対策

・01

1円も税金を払いたくないんですが、よい方法はありませんか!?

| 質問者 | いくじなし竹島 |

28歳　独身

ベンチャー企業　正社員

年収800万円（税率30％と仮定）

関連動画再生回数
NEW!

¥ 節税ではサラリーマンはとっても不利！

先生、自分は1円も税金を払いたくありません！
いい方法はありませんか!?

（魂の叫びやな・笑）
そうですねぇ、竹島さんはサラリーマンということなので、残念
ながら1円も払わないようにするのは、ちょっとむずかしいですね。

そうなんですか？ それは、<u>サラリーマンより個人事業主やフリー
ランスのほうが節税しいやすい</u>からですか？

確かに、個人事業主やフリーランスのほうが節税はしやすいですね。

たとえば、サラリーマンの竹島さんが新しいパソコンを買うとし
て、その代金は源泉徴収で税金を天引きされたあとの、給与の手
取り額から支払いますよね？
それに対して、たとえば個人事業主の方は、<u>パソコンを会社の経
費で落としたあとに税金を払う</u>ことが多いんです。

んん？ どういうことですか？

そのパソコンが15万円だったとして、サラリーマンの竹島さんであれば、当然15万円が自分の財布や口座から出ていきますよね。それによって、税金が安くなるとかはないでしょ？

まぁ、ないですね。

ところが個人事業主の場合、この15万円を会社の経費にすることができれば、その経費額の分は事業所得を減らせます。「売上－経費＝事業所得」ですからね。
パソコンを買うときにはもちろん同じ15万円を支払いますが、**事業所得が減るので、経費化できた金額に税率をかけた分はあとから税金を減らせる**のです。

たとえば税率が30％であれば、15万円×30％＝4.5万円は割安になりますから、実質的には10.5万円で同じパソコンを購入できていることになるんです。
事業の経費にできるものなら、大体のものは30％引きでオトクに買えると言い換えてもいいかもしれません。

そう言われると、確かに個人事業主のほうがオトクそうですね。でも、なんだかまだ、いまいち腑に落ちていません……。

ではもっと深掘りをして、竹島さんが会社を辞めて、フリーランスとして自宅兼事務所で開業した場合を考えてみましょう。

このとき、借りている自宅の家賃や、水道光熱費、ネット回線の利用料金などが当然あるはずですね。その全額は無理ですが、事業で使っている部分については、フリーランスであれば事業の経費として落とせるんですね。

また、交通費や接待交際費に関しても、事業のために使っているものであれば経費化が可能です。
毎日、業務に関係した人たちと会食したり、打ち合わせをしたりしているような方であれば、そのための交通費や会食費などもほぼすべて事業の経費にできるわけです。

それは、理屈はわからないけど、なんとなくすごくオトクそうです。

そうすると、業務の経費と生活上の支出が重なる部分がどうしても出てきます。
仕事で取引先とランチを食べたら、もう一度プライベートでランチを食べることはないですよね？ 業務の備品のパソコンで、自由時間にネットサーフィンをすることだってありますよね？
意図的に私的な支出まで事業上の経費にしてしまうと脱税になってしまいますが、事業と私生活が必然的にオーバーラップする部分については、税務上もあまりうるさくは言われませんし、実務上もそんなに細かく確認することはできません。

個人事業主やフリーランスの方は、こうしたプライベートな支出と経費の重なりによって、事業の経費の範囲内で自分の生活上の支出も「消化」してしまえる部分が少なくないんです。

ふむふむ。

そうすると、フリーランスの場合は事業上の収入がそのまま本人の収入になりますから、日常の多くの支出を経費化することで、「売上－経費＝利益」となって、税率をかける前の課税所得を極限まで下げることが可能になります。
課税所得が下がれば税金が安くなる。
つまり、節税効果が高いということです。

なるほど～。自分の生活費用の一部を業務用の経費でまかなえて、それによって課税所得も大きく減らせるから、サラリーマンに比べて個人事業主やフリーランスは大きな幅で節税できる、ということですね？

そうですね。
本当は、フリーランスと個人事業主では構造がまた少し違うのですが、おおよその理解としてはそれで問題ないでしょう。

¥ サラリーマンでもできる節税策いろいろ

それに比べると、サラリーマンは源泉徴収で先に税金や社会保険料を天引きされているし、経費と生活費がオーバーラップしている部分も少ないので、節税方法が少なくなるのは致し方ないんですかねぇ。

そういうところはありますね。ただ、それでも細かく意識すれば、サラリーマンでも実践できる節税法はいろいろあるんですよ？

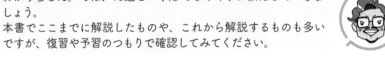そうなんですか。じゃあ、ぜひその節税法を教えてください。

わかりました。では、10選という形でざっくりお伝えしていきましょう。
本書でここまでに解説したものや、これから解説するものも多いですが、復習や予習のつもりで確認してみてください。

サラリーマンでも実行可能な節税策 その1
◉「配偶者控除」や「扶養控除」をもれなく申告

1つ目は、当たり前ですが**配偶者控除**と**扶養控除**を申告時にしっかり適用することです。

奥さんの所得が減る変化があった場合、配偶者控除が適用できるのに手続きがもれているケースが結構あります。特に奥さんの出産時や、それまで続けていた仕事を辞めたときなどに注意してください。

扶養控除については、対象は子供だけのようなイメージがありますが、田舎の両親などへ仕送りをしている場合は、同じ家に住んでいなくても扶養控除の対象にできる場合がありますから、対象になるか一度確認してみることをお勧めします。

控除額が配偶者控除は38万円、扶養控除はたとえば70歳以上の別居の親であれば48万円といずれも大きいので、**節税効果も大きく申告もれは大損**となります。

> ▶年間節税可能額
> 配偶者控除：対象者1人あたり**約11.4万円**／（所得控除額38万×税率30％）
> 扶養控除 ：対象者1人あたり**約14.4万円**／（所得控除額48万×税率30％）
> ※70歳以上の別居の親の場合

サラリーマンでも実行可能な節税策 その2
◉「ふるさと納税」で楽しく節税

2つ目は**ふるさと納税**ですね。これは、返礼品の価値分が節税になります。
専用のサイトがたくさんあるので、そこを使うとネットショッピングと同じような感覚で実践できます。特に高所得な方にはメリットが大きいので、ぜひやってみてください。

しっかり確定申告をするか、寄付先が少数の場合に確定申告を不要にする手続きをするか、どちらかの手続きをちゃんとしないと節税にならなくなってしまうので、その部分には要注意です。

> ▶年間節税可能額
> **約3.7万円**（年収800万円から試算した寄付上限額約13万円×返礼率30％ −
> 　　　　　　2,000円）

サラリーマンでも実行可能な節税策 その3
◉「NISA」の活用で老後資金対策との同時節税

3つ目は**NISAの活用**です。これは投資の運用利益や配当金に課税されない、という制度なので、<u>運用の結果、利益や配当金が出た場合にのみ、そこにかかる分離課税の20%※1分を節税できます。</u>

※1　厳密には20.315%（復興特別所得税分を考慮せず）

投資金の支出やリスクが伴う節税策なので、あくまで余剰資金で行うのが鉄則ですが、つみたてNISA／新NISAでのつみたて投資枠の活用で、リスクを抑えた長期投資を行う程度であれば、投資と言ってもそんなに怖いものではありませんし、<u>同時に老後資金不足への対策にもなります。</u>

詳しくは【1章－⑨⑩】でも解説しましたから、そちらも確認しておいてください。

▶年間節税可能額
　約2.9万円（運用利回り3％で毎月3.3万円を20年間積み立てた場合の利益の1年分×税率20％で試算）

サラリーマンでも実行可能な節税策 その4
◉「iDeCo」の活用でさらに手厚く老後金対策をしつつ、課税所得を減らす

4つ目の節税策は**iDeCoの活用**です。<u>将来の追加年金の積み立てを個人で行える</u>制度です。
NISAと同様に<u>運用益が非課税になるほか、掛け金は全額、所得控除に利用できます。</u>そのため、所得の壁をオーバーするのを防ぐために、課税所得をもう少し減らしたい、というときにも使うことができます。

ただし、節税効果はあっても、支出を伴う上に長期間の資金拘束が避けられない制度なので、資金に余裕がある人だけ実践すれば十分でしょう。
こちらも【1章－⑨⑩】で詳しく解説しています。

▶年間節税可能額
　約12.8万円（運用利回り3％で毎月2.3万円を37年間積み立てた場合の運用益の1年間分×税率20％※2＋年間27.6万円の所得控除×税率30％※3で試算）

※2　所得税の申告分離課税の税率20.315％
※3　所得税の総合課税（累進税率）の税率を30％と仮定

サラリーマンでも実行可能な節税策 その5
◉「医療費控除」と「セルフメディケーション税制」で課税所得を減らす

5つ目は、**医療費控除**と**セルフメディケーション税制**の活用です。
医療費控除には年間10万円以上の場合のみ※4、というハードルがありますが、自分が使った医療費だけでなく、家族全員分の医療費を集めて申告することが可能なので、あきらめずに集計してみましょう。
控除される金額自体は小さいのですが、所得の壁オーバーの防止にも役立ちます。

▶年間節税可能額
1.5万円（医療費支払額が家族全員で15万円の場合）
医療費15万円－10万円＝5万円　5万円×30％＝1.5万円

※4　その年の総所得金額等が200万円未満の人は、総所得金額等の5％を超えた場合

サラリーマンでも実行可能な節税策 その6
◉「住宅ローン控除」は絶対忘れない！

6つ目は**住宅ローン控除**です。
原則として毎年の住宅ローン残高の0.7％をそのまま税額から控除できる**税額控除**なので、節税効果は抜群です。
節税できる金額も大きいので、住宅を購入した際には、絶対に忘れないように控除を受けてください。

▶年間節税可能額
28万円（年末ローン残高が4,000万円、残高の0.7％を控除可能とした場合）

サラリーマンでも実行可能な節税策 その7
◉各種の保険料控除も忘れずに！

7つ目に、各種の**保険料控除**をしっかり利用することです。
一般的な生命保険や、自宅購入時などに加入している地震保険については、「**保険料控除証明書**」という書類が毎年10〜11月頃に各保険会社から送られてきます。
年末調整か確定申告の際に、これらの書類に記載された金額の一部を所得控除できるのですが、申告を忘れている方が時々います。
ぜひ、意識して申告もれのないようにしてください。

▶**年間節税可能額**
　約2.5万円（新生命保険料５万円［節税効果9,750円］＋地震保険料５万円
　　　　　　　［節税効果15,000円］の場合）

 ## サラリーマンでも実行可能な節税策 その**8**

◉「特定支出控除」に挑戦してみる！

８つ目は、**特定支出控除**の活用です。

これはほとんど活用されていない控除なのですが、サラリーマンでも必要経費を認めてもらえる可能性がある控除なので、使えそうな方はぜひ挑戦してみてください。

この章の⑨項でも詳しく解説します。

▶**年間節税可能額**
　1.5万円（特定支出100万円で、特定支出控除額が５万円（100万−95万＝
　　　　　　５万）の場合）

 ## サラリーマンでも実行可能な節税策 その**9**

◉副業で節税！

９つ目に、サラリーマンを続けつつ**副業でなんらかの事業を開始**し、生活費の一部を事業の必要経費とオーバーラップさせたり、事業で損失が発生した場合に、その事業損失と給与所得とを損益通算したりする方法が挙げられます。

ただし、【２章−⑩】でも解説した通り、趣味程度の副業では事業所得として認められません。生活を成り立たせるための収入の一部であり、また継続的かつ恒常的に副業による収入を得ているなど、厳しい条件を満たしている場合にだけ経費化や損益通算が認めらます。

そのため、少しハードルが高い節税策と言えるかもしれません。

▶**年間節税可能額**
　9万円（事業所得で30万円の損失が発生し損益通算した場合、
　　　　　税率30％／経費化についてはここでは計算していない）

サラリーマンでも実行可能な節税策 その10

◉法人化&業務委託への切り換えで大きく節税！

最後に、勤め先の会社との関係を、雇用契約ではなく**業務委託**に変えてもらい、自分で法人を設立して経費計上を可能にしつつ、その法人から自分は役員報酬をもらい、その報酬額をあえて安くすることで課税所得を減らし、社会保険料を安くする節税策を紹介しておきます。

これは、実は僕もやっている方法で節税効果は非常に大きいのですが、もはやサラリーマンではなくなるので、ちょっと性質が違いますね。

あくまで参考として紹介しておきます。

▶**社会保険料を含む年間節約可能額**

130万円（税金が90万円から50万へ減税[5]、社会保険料が120万から30万へ減額する想定）

---

[5]　地方税含む。経費をどこまで計上できるのかは個別事情による。
（役員報酬、家賃、携帯、小規模企業共済、旅費規程、交際費、福利厚生など）

 おぉ～、こうして一気に教えてもらうと、意外にたくさんあることがわかりますね。

そうですね。ここでは簡単に紹介しただけなので、興味のある節税策についてはご自身でも調べたり、この本の該当する項目も読んでもらうといいですよ。

また、いくつかの節税策については理論上は可能ですが、会社が柔軟に対応してくれないとできないものもあるので、慎重に実践するようにしてください。

図34にまとめたうちの8～10の節税策は、そうしたグループに入ります。

 わかりました。

自分でもできそうなものがないか、また適用を忘れている控除がないかなど、1円でも税金を減らすために一度じっくりとチェックしてみます。

ありがとうございました！

》図34　まとめ

	控除名	節税効果
1	配偶者控除や扶養控除	年間節税額1人あたり　約11〜19万円[6]
2	ふるさと納税	年間節税額1人あたり　約4万円
3	NISA	年間節税額　約3万円
4	iDeCo	iDeCo年間節税額　約13万円
5	医療費控除	医療費控除 年間節税額　約1.5万円
6	住宅ローン控除	住宅ローン控除 年間節税額　28万円[7]
7	各種保険料控除	各種保険料控除 年間節税額　約2.5万円
8	特定支出額控除	年間節税額　1.5万円
9	副業でビジネス	年間節税額　9万円
10	雇用契約から業務委託契約へ変更して節税	年間節税額　130万円

※6　配偶者 38万円、扶養は38〜63万円
※7　0.7％の場合

ま　と　め

● サラリーマンに比べると、個人事業主やフリーランスは節税が格段にしやすい。

● サラリーマンでも、いろいろと節税できる方法はある。

①配偶者控除や扶養控除　　②ふるさと納税
③NISA　　　　　　　　　④iDeCo
⑤医療費控除　　　　　　　⑥住宅ローン控除
⑦各種の保険料控除　　　　⑧特定支出額控除
⑨副業での経費化や損益通算　⑩業務委託契約への切り替えと法人化（参考）

·02

「ふるさと納税」の仕組みが
全然わかっていないんですが、
これ、本当に節税になるんですよね？

質問者 元祖黒びかり安川

25歳　独身　会社員

SNS運用支援会社　営業

関連動画再生回数
131万回

¥ そもそも税金が減る「節税策」ではない

年末が近づくと、テレビでも「**ふるさと納税**」のCMがよく流れてきますし、ネットを見ていても広告のバナー画像をよく見かけますね。
ツレから「やったほうがオトクだよー」と聞いたこともあるんですけど、仕組みが全然わかっていないんで、少し教えてもらませんか？
要するに、節税のための何かなんですよね？

はい、わかりました。解説していきましょう。
早速ですが、まず、厳密に言うとふるさと納税は「節税策」ではありません。

えっ、そうなんですか!?
でも、さっき前の人の質問に、節税策の1つとしてふるさと納税を紹介してたじゃないですか。あれは嘘だったんですか？

もちろん、嘘じゃないですよ。厳密に言えば、です。

ふるさと納税は、ざっくり言うと税金を前払いするための仕組みです。
どちらにせよ支払わなければいけない税金の一部を、**今住んでいる自治体ではなく、自分が選んだ自治体**に前払いできます。
すると、自分のところを選んで税金を前払いしてくれたお礼に、「ありがとう」の気持ちを乗せてその自治体がいろいろな特産品を「**返礼品**」として届けてくれるんですね。
ただし、そのときに「手数料」として1人年2,000円だけは払ってください、という仕組みになっています。

だから、厳密に言えば税金の前払いで、税金の減額は全然されていないんですけど、このもらえる特産品の価値の分だけ生活費や食費が浮いて、実質的には節税になるんです。
そのために、さっきの竹島さんへの解説では、サラリーマンでもできる節税法の1つとして挙げた、というわけです。

なるほど？ う〜ん、わかったような、わからないような……。

あ、今思いつきましたけど、「ふるさと納税」って「ふるさと」がたくさんある人はどうなるんですか？
自分、子供の頃は父親が転勤族で、あちこち引っ越ししていたんですよ。だから「ふるさと」って感じの場所はないんですけど、こういう場合はどうなるんですか？
ほかにも帰国子女の人とか、ふるさとが外国の人もいるでしょ？

💴 ふるさと納税は「ふるさと」以外にもできる

そういう誤解をしている人は多いんですけど、「ふるさと」というフレーズを使っているだけで、この制度は**税金の前払いをする自治体にどこを選んでも大丈夫**なんですね。
別に、本当の「ふるさと」限定の制度ではないです。

へぇー。……それ、おかしくないですか？

（意外と細かいタイプ……・笑）

おかしいと言えば、たしかにちょっとおかしいんですけどね。

「ふるさと納税」という名前がどういう背景で決まったのか不明ですが、実態とずれているところがあるんですよ。

「納税」って名前がついているから税金の前払いには違いないのに、税法上は各自治体への「寄付」の扱いになるとか、「ふるさと納税」なのに、別にふるさと限定じゃなくて縁もゆかりもない自治体を選んでもいいとかね。

いまだ賛否両論がある制度なんですが、**うまく使えばオトクになることは間違いない**ので、生活者としてはしっかり理解して使いこなしたいところです。

高所得であればあるほど、たくさんふるさと納税できるので、特に年収が高い人は、使いこなすことで生活費がかなり浮くはずですよ。

そうなんですねぇ。
でもやっぱり、イマイチわかりづらい制度だなぁ。

具体例で考えたほうが理解しやすいと思うので、たとえば、安川さんの好きな自治体に1万円、ふるさと納税で寄付をしたとしましょう。

ふるさと納税での寄付＝税金の前払いです。

選ばれた自治体側は、寄付金の3割相当まではお礼の品を贈ってもよいルールになっていますから、1万円の寄付の場合には、3,000円相当ぐらいの返礼品が届きます。

2,000円の手数料は1人あたりで年に1回かかるだけで、自治体ごとにかかるわけではないので、いったん割愛して考えます。

すると、1万円の税金を先払いして、3,000円相当の物品が戻ってきているので、納税額の30％相当を実質的には節税できたことになるわけです。

お礼の品って、ネット広告のバナー画像なんかを見ると、メロンとか牛肉とか魚介類とかなんでしょ？
自分はメロンや魚介類はあんまり好きじゃないし、それで本当に節税になるんですか？ 嫌いなものを贈られても困るし。

（偏食っ……）

……まぁ、おっしゃる通り必要のない返礼品を贈られても困っちゃいますけど、ふるさと納税って返礼品の種類は自分で選べますからね。

食べ物がダメなら、トイレットペーパーや洗剤みたいな生活必需品をもらうようにすれば、絶対に使うでしょうから実質的な節税効果を確実に受けられるはずです。

なるほど。日用品もあるし、お礼の品は自分で選べるわけですね。それなら、トイレットペーパーやティッシュペーパー、ミネラルウォーター、各種洗剤などを全部1年分くらいお願いしたら、買い物に行く手間も省けるし、悪くないですね。

たしかに手間はかからないかもしれませんけど、そんなに一度に頼んだら、部屋がパンパンなっちゃいそうですね。（笑）

それに、ふるさと納税は毎年いくらでも寄付できるわけではなくて、税金が発生している人がその一部を前払いする仕組みです。なので、そもそもその年に自分に発生する税金よりたくさん、事前にふるさと納税で寄付してしまうと、金額がオーバーした部分はただの寄付になってしまいますから注意が必要です。

それだけたくさんの日用品をまとめて頼むには、前払いする税金も何十万円か必要になるので、安川さんが超・高収入で毎年めちゃくちゃたくさん税金払っています！　というわけでなければ、ふるさと納税のしすぎになっちゃいますよ。

たっかい、たっかいトイレットペーパーになっちゃうので気をつけてください。

そうなんすか、それは危ない。
じゃあ、いくらまでならふるさと納税していいかは、どこを見ればわかりますか？

💴 いくらまで寄付できるかは取り扱いサイトで試算する

その年の自分の予定所得から、ふるさと納税での節税効果が期待できる上限の額を計算して、その枠内でふるさと納税をするようにします。

ちょっと、先生！ そんな難しそうな計算、無理ですよ‼
そういうのが嫌いだから、今の仕事を選んでるんですから！

むずかしいと思うでしょ。
でも、めちゃくちゃ簡単に計算できるので一緒に見ていきましょう。

まず、ウェブで「ふるさと納税 限度額」とか「ふるさと納税 上限額」といったキーワードで検索します。
すると、いろいろなふるさと納税の取り扱いサイトがずらっと表示されます。
「ふるさとチョイス」「ふるなび」「さとふる」「楽天ふるさと納税」 などが大手の取り扱いサイトになるので、慣れないうちはこのどれかで試してみるのがいいと思います。
それぞれの取り扱いサイトで選べる返礼品が微妙に違ったり、独自のポイント還元制度があったりするので、自分に合ったものを選んでくださいね。

ほー。じゃあ、僕は楽天カードを使っているんで、ポイントが共通してそうな楽天ふるさと納税にしてみようかな。

そういうふうに、自分の好みのところを選べばOKです。
で、各取り扱いサイトはどこでも、**自分の今年の所得から上限額をシミュレーションできるツール**を用意していますから、それらのページで自分の家族構成と今年の見込み年収などを順番に入力すれば、今年いくらまでなら効率的にふるさと納税ができるか、サクッと計算できる、というわけです。
さっき言った手数料相当の2,000円もちゃんと頭に入れて計算してくれますし。

ちなみに、もし今年の見込み年収がわからない場合は、転職や離職などで去年と状況が大きく変わっていないのであれば、去年の源泉徴収票をチェックして、去年の年収をベースにざっくり計算すれば問題ありません。
所得控除などをかなり細かく設定できるところもあれば、簡易のシミュレーションしかできないところもあるので、**簡易の計算の場合には、取り扱いサイトの計算結果から1万円くらいの安全マージンを取っておくと安全**でしょう。

画面の指示に従って入力していくだけなら、自分にもできそうですね。

ほかにも、**図35**に、年収と家族構成などからふるさと納税の上限額を引ける簡易一覧表を掲載しておきますから、こちらから上限額を把握するのでもかまいません。
ただし、所得制限や税額控除などが多い場合には、この簡易の一覧表ではなく、詳細な計算ができる取り扱いサイトのシミュレーションツールを使うようにしてください。

》 図35　全額控除されるふるさと納税額（年間上限）の目安

ふるさと納税を行う方本人の給与収入	独身または共働き（配偶者［特別］控除なし）	夫婦のみ（配偶者控除あり）	夫婦（配偶者控除あり）＋子1人（高校生）	夫婦（配偶者控除あり）＋子2人（大学生と高校生）
300万円	28,000	19,000	11,000	－
350万円	34,000	26,000	18,000	5,000
400万円	42,000	33,000	25,000	12,000
450万円	52,000	41,000	33,000	20,000
500万円	61,000	49,000	40,000	28,000
550万円	69,000	60,000	48,000	35,000
600万円	77,000	69,000	60,000	43,000
650万円	97,000	77,000	68,000	53,000
700万円	108,000	86,000	78,000	66,000
750万円	118,000	109,000	87,000	76,000
800万円	129,000	120,000	110,000	85,000
900万円	152,000	143,000	132,000	119,000
1,000万円	180,000	171,000	157,000	144,000
1,100万円	218,000	202,000	185,000	172,000
1,200万円	247,000	247,000	229,000	206,000

※1　「高校生」は「16歳から18歳の扶養親族」を、「大学生」は「19歳から22歳の特定扶養親族」を指します。
※2　中学生以下の子供は（控除額に影響がないため）計算に入れる必要はありません。　　　（出所：総務省HP）

これだけ計算を助けてもらえるなら、自分でも限度額がある程度わかるかな……。

あとは、その上限額を超えないように、各取り扱いサイトでネットショッピングをする感覚で好みの返礼品を選択し、順番に寄付していきます。

なるほど。これだけで実質的な節税ができる、と。

¥ ワンストップ特例の適用申請か確定申告も必要になる

いや、もう少しだけ手続きが必要です。
その年にふるさと納税で寄付、つまり税金の前払いをする自治体が5つ以下の場合には、後日送られてくる書類を使って、それぞれの自治体に「**ワンストップ特例**の適用の申請」をします。
そうすると、ふるさと納税に関しては確定申告をしなくても、役所の中で税法上の手続きを勝手に行っておいてくれます。

……え〜、やっぱりなんだか面倒くさい……。

これでも、郵送やネットで手続きをすれば確定申告は不要になるわけですから、だいぶ簡略化されているんですけどね。（苦笑）

ということは、本来は確定申告をしなくてはダメ、ってこと？

そうですね。<u>ふるさと納税をした年には、ワンストップ特例の利用をするか、そうでなければ確定申告でふるさと納税の情報を報告しなければ、これも税金の前払いではなく、ただの寄付になってしまいます。</u>

 ……。

注意すべきは、医療費控除など**別の理由で確定申告をした場合、その年に事前に行っていたふるさと納税のワンストップ特例の適用申請は無効になる**というルールになっているので、その場合には改めて、確定申告でふるさと納税についてもきちんと申告しなければならない点ですね。

 あー、やっぱり複雑!! 自分にできるかな……。

でも、うまく使えばかなりオトクになりそうな制度だ、ということはなんとなくわかりましたから、とにかく挑戦してみることにします！ありがとうございます!!!

ちょっと手続きが面倒ですけど、多少の手間をかける価値はあると思いますよ。
読者のみなさんも、がんばって挑戦してみてください！

- ●ふるさと納税は、寄付の形式をとった税金の前払いの仕組みなので、直接的に節税になるわけではないが、返礼品の価値分が実質的な節税となる。
- ●返礼品は自由に選べるので、日用品や食品など、自分が必ず使うようなものを選ぶと、節税効果が確実に得られる。
- ●効果的なふるさと納税ができる額の上限は、所得等によって変わる。まずは取り扱いサイトのシミュレーションツールなどで上限額を計算しよう。
- ●ワンストップ特例を選択すれば確定申告は不要。ただし、別の理由で確定申告をせざる得なくなった場合には、忘れずにふるさと納税分も申告に反映させなければ損をする。

親の介護費用がかさんできました。
一体どう対応したらいいでしょうか？

質問者 **妻とはナカヨシ薄井**

51歳　年収500万円

妻パート（扶養範囲内）

1人息子15歳　自宅の住宅ローン返済中

母親の年齢72歳　年金収入（年間）

110万円で、仕送りで生活

関連動画再生回数
25万回

¥ 別居している親の介護費、どう資金繰りする？

じてこ先生、実は最近、実家の親が体調を崩しがちなんです。週末に実家に帰る回数が増えています。
息子も教育にお金がかかるお年頃だし、お財布事情が厳しいんですよね……。
みなさんは、一体どうやって資金を回しているんでしょう？
よい例があれば教えてほしいです。

（これはお金もキツいけど、奥さんに「手伝って」とも言いづらいパターンだなぁ……）
それは大変ですねぇ。帰省が頻繁になると、交通費だけでもバカなりませんしね。

……僕自身、国税職員をしていたときに地方の税務署に勤務していた時期があって、週末に実家に帰る往復の交通費だけで、月6万円くらい発生していた時期があったことを思い出しました。
そのときの手取り収入は18万円程度でしたから、なかなか大変でしたよ。

18万円の手取りで、交通費に6万円も使うのは厳しいですね。でも、共感してもらえてよかったです。

私の場合は親が年金暮らしなので、今までも生活費を仕送りしていたのですが、それに加えて交通費やら医療費やらまで頻繁に発生するようになり、少し不安になってしまっています。

わかります。しかも今は医療が発達しているから、**介護状態が長期化する**ことを前提にした体制が必要になりますしね。

僕が知っているある事例では、頭キレキレのお金持ち経営者が実家の近くにビジネスを1つつくって、親にその会社の役員になってもらい、役員報酬を払い続けられる仕組みを構築していたケースがありました。
こうすれば、会社が利益を生み出してくれるので介護が長期間に及んでも大丈夫ですし、親にもやるべきことが生まれて張り合いが出たとか、従業員が親の話し相手になってくれるので心配しなくて済む、などと言っていました。
さらにその後、親御さんが亡くなったときには、そのビジネスを地元の企業に売却して利益を得ていました。手元資金を使わずに親孝行ができた、と言っていたのは衝撃的でしたね。

まぁ、これはちょっとすごすぎてあまり参考にならないかもしれませんが、極限までうまくやれば、こうやって自分の資金をほとんど使わず、親の介護資金を手当てすることも不可能ではありません。

へぇー、お金を生み出す人の発想はスゴいですねぇ。

そうですね。お金儲けではなく、お金の循環を考えている人でした。そういう人は、やっぱりお金にも愛されるんでしょうね。
まぁ、かなり特殊な事例なんですけど。

¥ 手っ取り早い対応策は同居や近くへの呼び寄せだが……

もう少し、私でも実践可能そうな親の介護資金対策はないですか？

もっと一般的で、再現性もあって効果が大きな対策としては、**親に同居してもらうか、もしくは薄井さんの今のお住いの近くに住んでもらう**ことですね。
それができるなら、一番手っ取り早くコストを抑えることが可能です。

実家が不要になるなら、実家の家や土地を売却することで多少は資金繰りの助けにもなりますし。

やっぱり、そうですよね〜。
ただ、それはそれで妻に負担をかけることになり、正直、揉めそうです。
なにより、親は慣れ親しんだ地元を離れたくないと言っているので、むずかしいでしょう。

ですよね。まぁ実際のところ、多くのケースではそうなりがちなんですね。
年をとってから、急に新しい土地に引っ越すというのは抵抗を感じる方が多いんでしょうね。愛着のある自分の家を離れたくない、という親御さんの気持ちもよくわかります。

そうなると、私が言えるお金や税金関係のアドバイスでは、とりあえず**親を薄井さんの税金計算上の扶養に入れてみる**のはいかがですか？
効果は限定的ですが、やらないよりはずっと資金繰りがラクになるはずです。
それとも、もう扶養に入れていらっしゃいますか？

（¥）別居の親でも、扶養控除の対象になる場合がある

扶養に入れると言うと、**扶養控除**ですか？
いや、考えたこともなかったです。
親とは同居していないんですが、それでもいいんですか？

同居している家族でないと扶養に入れることができない、と思っている人が多いのですが、**生活費の負担などをしていれば、一緒に住んでいなくても扶養控除の対象にすることは可能**です。

親の収入が、まだ給与をもらっているなら103万円以下、65歳以上で年金のみで158万円以下であれば、扶養控除に入れることができるんです。
ちなみに65歳未満で年金収入のみなら、108万円までです。

別居の親がこの「所得の壁」を超えておらず、かつ仕送りなどで子が実質的に親の生活費の負担をしているのなら、その仕送りをしている子が、親を扶養控除の対象にすることができるルールになっています。

えっー、そうなんですか!?
もう何年も仕送りしていますから、これまでも扶養控除の申告をしていれば、その分が節税できていたってことですか？

条件に合致しているなら、できていたでしょうね。
確定申告は過去5年までさかのぼって還付申告などができますから、今からでも何年分かは間に合うんじゃないですか？

なんとっ！　それはいいことを聞きました。
今度の休みにでも早速さかのぼって申告してみます！

それはそうと、もし親を扶養に入れる形で申告をしたなら、いくらぐらい節税できるのでしょうか？

薄井さんの場合なら、年収500万円とのことなので、ざっくり8.6万円くらいは年間の税金が安くなるイメージです。

年収500万円なら所得税率を10％として、地方税率は一律10％です。
親が同居で70歳以上の場合、一番優遇されていて58万円（地方は45万円）の所得控除を受けられます。
でも別居の場合でも、親が70歳以上であれば48万円（地方は38万円）は控除額をゲットできます。
ちなみに70歳未満の場合には扶養控除額は38万円です。

薄井さんの場合は別居で、親御さんは72歳ですから、扶養控除額は48万円（地方は38万円）。この控除額に対して税率10％ずつをかけると、（48万円×所得税10％＝4.8万円）＋（38万円×地方税10％＝3.8万円）＝約8.6万円となって、比較的大きな節税につながるわけです。**図36**と**37**も見ておいてください。

》》図36　扶養控除対額一覧表

年齢などにより異なる扶養控除の額

16〜18歳	一般の扶養親族	38万円
19〜22歳	特定扶養親族	63万円
23〜69歳	一般の扶養親族	38万円
70歳以上	同居老人扶養親族 （同居しているとき）	58万円
	老人扶養親族 （同居以外のとき）	48万円

― 扶養の対象者 ―

● 給料、パート・アルバイト収入だけなら年収103万円以下

● 年金収入のみの場合、65歳以上で158万円以下、65歳未満で108万円以下

※ 0〜15歳（年少扶養親族）の控除額は0円。

》》図37　扶養控除対象親族範囲（6親等以内の血族及び3親等以内の姻族）

扶養控除の対象となる親族の範囲はかなり広い

▶扶養控除対象者の範囲

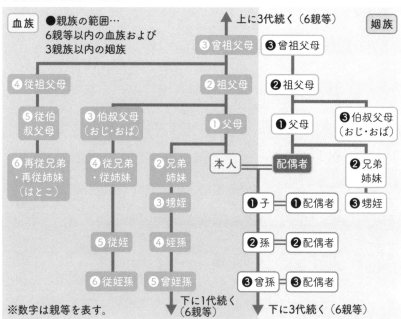

血族　●親族の範囲…　6親等以内の血族および3親族以内の姻族

姻族

上に3代続く（6親等）

③曾祖父母　③曾祖父母

④従祖父母　②祖父母　②祖父母

⑤従伯叔父母　③伯叔父母（おじ・おば）　①父母　③伯叔父母（おじ・おば）

⑥再従兄弟・再従姉妹（はとこ）　④従兄弟・従姉妹　②兄弟姉妹　本人　配偶者　②兄弟姉妹

③甥姪　①子　①配偶者　③甥姪

⑤従姪　④姪孫　②孫　②配偶者

⑥従姪孫　⑤曾姪孫　③曾孫　③配偶者

※数字は親等を表す。　下に1代続く（6親等）　下に3代続く（6親等）

なるほど。毎年、8万円以上の節税というのは大きいですね。
交通費くらいはその差額で出せそうです。

手続き的には、年末調整のときに自分の会社に扶養対象を追加することを伝えればいいだけですか？

基本的にはそうなんですが、年末調整の際に親に生活費を送金している事実を証明できるもの、たとえば送金額が記載されている銀行通帳のコピーなんかを提出できるよう、事前に準備しておくことも忘れないでください。

ちなみに薄井さんの場合、親への生活費はどの程度渡していますか？

たぶん、月額で10万円程度は渡していると思います。

結構、渡していますね。方法はどのように？

振り込みをするときもあるし、実家に帰ったときに現金で手渡しすることもあります。

そうですか。……これからは、できるだけ振り込みで送るようにしてください。
同居の親の場合は生活費負担の証明が不要なのですが、別居の親の場合には証明が必要になる可能性が高いので、振り込みで送金履歴がデータに残るようにしたほうが、のちのちより確実に扶養の実態を認めてもらえますからね。

現金で手渡しをした場合には、日付や金額などを細かくメモしてまとめておくことで対応できる場合もありますが、自分でつくるメモ等ではない証拠があったほうが、より確実に扶養の実態を認めてもらえますよ。

わかりました。これからはそうするようにします。
さかのぼっての確定申告も頑張ってみます。

¥ 親との同居には罠もある

親の介護費用については、税金のほかに社会保険についても、いろいろと気をつけるべき点があるのでお伝えしておきます。

たとえば、生活費を節約しようと親と同居を始めたら、親の介護保険料の負担が増加したとか、介護サービスの利用料金が上がった、などというデメリットが発生することがあるんです。

トラップが多いですね……。

そうなんですよね……。
介護保険料や介護サービス料の上昇については、介護保険料の負担上限額を決める際、同居の子がいる場合は親本人の収入だけでなく、世帯の収入で保険上限額が判定されるために、そのようになってしまうようですね。
特に何か高額な介護サービスを親が使っている場合には、同居によって年間10万円以上も負担額が増えるケースもあるようです。
事前に細かくシミュレーションしてから、同居の決断をする必要があるでしょう。

別居している場合には、介護保険関係の費用については安いままなので、心配いりません。

その点では、ウチの親は別居だから心配いりませんね。

加えて指摘しておくと、税金上の扶養には何歳までででも入れられるのですが、**社会保険における扶養に親を入れられるのは75歳まで**と決まっていますので、この点も注意しておく必要があります。

親自身の年収が180万円未満で、75歳までなら社会保険の扶養に入れることも可能なんですが、それには仕送り額が親の年収を上回っている必要があります。

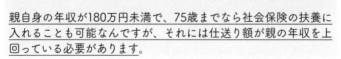

また、親が入院や手術などを受けて医療費が高額になったときには、健康保険の**高額療養制度**の自己負担上限額が高くなり、損してしまう可能性もあります。

……だんだん、わけがわからなくなってきました……。

複雑すぎますよね。
ただまぁ、社会保険の扶養については細かい条件によっても損得が変わるので、あまり突き詰めて考えなくてもいいと思います。

というのも、親が75歳になれば強制的に**後期高齢者医療制度**に加入して、親自身でその保険料を支払うことになるので、社会保険で扶養に入れられるのはそんなに長い期間ではないからです。
扶養に入れた場合で高額療養費を使わないのであれば、75歳までは基本的には多少オトクになるはずです。

う〜〜ん、ややこしすぎる！
全部理解するのはあきらめますが、少なくとも税制上の扶養控除は利用してみます。

また、節税にはなっても根本的な介護資金の問題が解消されるわけではないので、長期的には同居や近くに住んでもらう可能性も視野に入れつつ、生活費や交通費を減らす努力もしてみます。

介護の問題は、親との関係や気持ちの問題なんかもありますから、なかなか損か得かだけで割り切れるものではありませんよね。
「一番オトクな道」を探すのではなく、「家族が納得できる方策の中で、最大限オトクな道」を探す、というくらいの心構えが最適な気がします。

どうも、ありがとうございました。

こちらこそ、ご相談いただきありがとうございました。

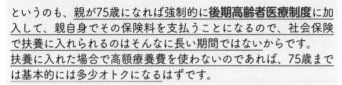

まとめ

- ●同居していなくても、生活費を負担するなどしていれば親を扶養に入れて扶養控除が使える。
- ●別居の親（70歳以上）を扶養に入れることで、税金面では約86,000円の節税になる。
- ●親が60歳以上で年収が180万円未満なら、社会保険上の扶養に入れることもできる。これにより親の保険料負担などを節約可能。ただし親が75歳になると、親自身が強制的に後期高齢者医療制度に加入することになるため、扶養から抜けることになる。
- ●別居の親を社会保険上の扶養に入れた場合、健康保険の負担上限額が高くなるので、医療費の自己負担額が増え、むしろ損になる場合もある。

·04

2ヶ所以上で掛け持ちのバイトをしていて、確定申告をしないとダメだと言われたのですが、なぜでしょうか？

質問者	時代遅れのアンダー損

22歳　男性　大学生
父親の扶養に入っている
国家資格勉強中 年収60万円（アルバイト）

¥ 払いすぎていた税金が返ってくる!?

先生、こんにちは。
僕は今年、バイトで2ヶ所掛け持ちで働いています。
アルバイト先のお店の店長に、ちゃんと確定申告をするように言われているのですが、しなかったらダメですか？ 申告したくないのですが、しないとバレますか？

はい、こんにちは。
回答としては、確定申告したほうがいいでしょうね。
おそらく、<u>税金を払いすぎている状態</u>なんだと思います。

えっ、どういうことですか？
僕全然、税金なんて払ってないですよ。

アンダー損くんが自分で払っているつもりはなくても、アルバイト先が給料を渡すときに、あらかじめ税金を引いた上で渡しているんですよ。「**天引き**」や「**源泉徴収**」と言われる徴税方法です。

マジですか？ あの店長！
僕の給料から勝手にお金を持っていくなんてっ!!
腹立ってきた!!

（過激やな・笑）
いやいや、店長が悪いわけではなくて、給料を支払う側の人は、基本的に源泉徴収しないとダメなルールになっているんですよ。これを「源泉徴収義務」と言います。

たとえば、僕が国税調査官をしていた頃に、会社を辞めた社員の給与から税金を天引きするのを忘れていたために、元社員の税金を自分で負担している社長さんを見たことがあります。
後日、その元社員に請求している可能性はありますけど、なかなか回収はむずかしいでしょうね。それくらい、源泉徴収義務は厳しく適用されているって話です。

だから、アンダー損くんのバイト代についても、天引きされているお金は別にその店長さんの懐に入っているわけではなくて、逆にアンダー損くんの代わりに、バイト先が税務署に、アンダー損くんが払うべき税金を払ってくれている、みたいなイメージです。

そうなんですか。……バイトを辞めてやろうか、というくらいまで一瞬で思ってしまいました。

（それは気が早すぎやろ・笑）
国税局に勤めていた頃にはあまり意識していなかったのですが、独立・開業をしたら、スタッフの源泉徴収の計算や年末調整の事務はかなり大変であることがわかりました。
税金や社会保険料を支払うのは致し方ないことですが、国の徴税コストを企業に負担させている仕組みなので、もう少し負担を軽くしてほしいところですね。

なるほど。店長も大変なんですね。

その立場になってみないと、わからないことがあるな〜と思いました。

¥ 年末調整は1年に1ヶ所でしかできない

話を戻すと、**毎月、天引きされる源泉徴収税額については、1年間働いた場合を想定して税額計算されているので、ちょっと多めに取られているケースが多い**んですね。
加えて、2ヶ所目のアルバイト先については、「乙欄」というより高い税率表で計算されていることが多いために、1ヶ所目よりもさらに多めに天引きされているケースが少なくないんです。

多めに納税させられている、ということですか？ 勝手に？
なんか、やっぱり腹が立ちますね。

まぁ、そういうことなんです。
その多めに納めている税金については、それぞれの勤務先の年末調整で清算することで、払いすぎていた場合には戻ってきます。
年末のお給料の給与明細をよく見ると、払いすぎて返ってきた金額が記載されているはずなので注意して見てみてくださいね。

ただ、この**年末調整は、1年の間に1ヶ所でしかできないルール**[※]になっているので、**2ヶ所目のアルバイト先では年末調整ができない**んです。

なるほど、そういうことか。
2ヶ所目のバイト先では、年末調整ができないから、多めに払った税金がそのままの状態になっているということですか？

そうです。

その払いすぎた分は、勝手に税務署なんかが計算して戻してくれるんですか？

※転職の場合は、前の勤務先の給与を考慮し、現在の勤務先で年末調整することになります。

いえ。（笑）
確定申告をしないと、そのまま国などに召し上げられてしまいます。

あくどい！国、あくどい!!

だから、確定申告で清算して、払いすぎている税金を返してもらう「**還付申告**」をするほうがオトクというか、アンダー損くんみたいに2ヶ所以上で働いている人の場合はそれをして初めて、知らない間に損をしている状態を、本来の状態にまで回復することができるんです。

¥ 「源泉徴収票」でいくら戻ってくるかを確認できる！

年末調整のあとの12月分の給与明細と同時期か少しあとに、「**源泉徴収票**」という書類をもらうはずですから、その書類をもらったら「**源泉徴収税額**」の欄をよくチェックしてください。**図38**に例を示しましたから、そちらも参考にしてくださいね。
源泉徴収税額の欄に金額が記入されていれば、確定申告することでその金額が戻ってくる可能性があります。

なるほど。

次に、それぞれの勤務先分の源泉徴収票の「**支払金額**」欄をチェックします。記載額を合計した金額が103万円以下であれば、「**源泉徴収税額**」欄に記載されている金額が確実に戻ってくるとわかります。
また、合計金額が103万円を超えた場合でも、戻ってくる可能性が高いでしょう※

ちなみに、「**摘要**」欄に「**年調未済**」と書かれている場合は、雇用者側で年末調整をしていない、という意味です。
5年間はさかのぼって請求できますから、ぜひ過去の源泉徴収票も確認してみてください。

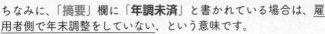

※収入を合算することで税率が上がる場合などは、追加納付の可能性があります。

▶▶図38 源泉徴収票のサンプル（一部）

源泉徴収票 ～年末調整がされていない場合の例～

令和 4 年分　給与所得の源泉徴収票

支払を受ける者	住所又は居所	大阪市東淀川区東中島●丁目○番△号		氏名 じてこ		

種別	支払金額	給与所得控除後の金額（調整控除後）	所得控除の額の合計額	源泉徴収税額
給与・賞与	250 000			10 500

（源泉）控除対象配偶者の有無等		配偶者（特別）控除の額	控除対象扶養親族の数（配偶者を除く。）				16歳未満扶養親族の数	障害者の数（本人を除く。）		非居住者である親族の数
有	従有	老人	特定	老人	その他			特別	その他	

社会保険料等の金額	生命保険料の控除額	地震保険料の控除額	住宅借入金等特別控除の額

（摘要）

年調未済

源泉徴収票 ～年末調整済み場合の例～

令和 4 年分　給与所得の源泉徴収票

支払を受ける者	住所又は居所	大阪市東淀川区東中島●丁目○番△号		氏名 じてこ		

種別	支払金額	給与所得控除後の金額（調整控除後）	所得控除の額の合計額	源泉徴収税額
給与・賞与	350 000	0	480 000	0

（源泉）控除対象配偶者の有無等		配偶者（特別）控除の額	控除対象扶養親族の数（配偶者を除く。）				16歳未満扶養親族の数	障害者の数（本人を除く。）		非居住者である親族の数
有	従有	老人	特定	老人	その他			特別	その他	

社会保険料等の金額	生命保険料の控除額	地震保険料の控除額	住宅借入金等特別控除の額

（摘要）

※帳票出所：国税庁HP
※上図は源泉徴収票の一部を切り取ったものです。

うまく税金が戻ってきたら、本当は払いすぎていたのが戻されるだけですけど、気分的には臨時収入ですね。
友達にも教えてあげます。先生、ありがとう！

はい、頑張って取り戻してください。

ま と め

● 税金や社会保険料の天引きは、少し多めにされていることが多い。特に2ヶ所以上で働いている場合の、2ヶ所目は多く取られている（掛け持ち勤務している場合で、かつ2社ともルール通りに源泉徴収している場合）。

● 天引きされすぎている税金は年末調整で清算することで戻ってくる。ただし、1年間で年末調整の手続きができるのは1ヶ所の勤務先のみ。2ヶ所以上で働いていると、年末調整ができない勤め先が出てくる[1]ので、確定申告をして税金の払いすぎを防ぐ必要がある。

● 払いすぎている税金があるかどうかは、源泉徴収票の「源泉徴収税額」欄に金額が入っているかどうか、その年のすべての源泉徴収票の「支払金額」欄の合計金額が103万円以下であるかどうかで予測できる。「支払金額」欄の合計金額が103万円以下であれば、「源泉徴収税額」欄の金額は確実に戻ってくる。また、合計金額が103万円を超えた場合でも、戻ってくる可能性が高い[2]。

● 還付申告は5年間さかのぼってできるので、還付もれのないように過去の源泉徴収票も見直してみよう！

※1　転職の場合は、前の勤務先の給与を考慮し、現在の勤務先で年末調整することになります。
※2　収入を合算することで税率が上がる場合などは、追加納付の可能性があります。

・05

私、フリーランスなんですが、確定申告って本当に必要でしょうか？

質問者	人間不信の尾原

26歳　昨年、デザイン会社から
独立しフリーランスになった
年収（売上）200万円

▶ 関連動画再生回数
3万回

¥ デザインの報酬や原稿料などは源泉徴収の対象

フリーランスとしてデザインの仕事を受けているんですけど、報酬の支払い時に源泉徴収されています。
だからもう税金は払っているはずですが、さらに確定申告も必要ですか？
フリーランスの仲間は結構しているみたいなんですが、どうして必要なんでしょう？

フリーランスの方も、確定申告はやったほうがいいですよ。
払いすぎている税金を返してもらえますから。

個人が請求する特定の報酬については、支払い時に支払い側が源泉徴収するルールになっていて、尾原さんのしているようなデザインの報酬についてはこの源泉徴収される報酬に指定されています。
現時点では、必要経費などを引いていない収入に対し、一律10.21％の税率で税金を納めている状態です。

なお、そのほかの源泉徴収必須な報酬は**図39**にまとめておきます。

》図39　源泉徴収の対象となる報酬・料金等

1. 原稿料・講演料・デザイン料など
2. 弁護士・公認会計士・司法書士等へ払う報酬
3. 社会保険診療報酬支払基金が支払う診療報酬
4. プロ野球選手・プロサッカー選手・モデル等に支払う報酬
5. 芸能人や芸能プロダクションを営む個人に支払われる報酬
6. 宴会等で接待を行うコンパニオンへ支払われる報酬
7. 契約金など役務の提供を約することにより一時に支払う契約金
8. 広告宣伝のための賞金や馬主に支払う競馬の賞金

なるほど？
私が請求書を発行する際、発注元からはその記載について、「源泉所得税を記載した上で請求してください」と言われることが多いんです。
なので、先方が税務署に私の代わりに払ってくれているから、私自身は何もしなくてもよいものだと思っていたんですが……

そうですね。確かに代わりに税金を払ってくれてはいるのですが、さっきも言ったように現時点では必要経費などを引いていない収入に、一律10.21％の税率で税金を納めている状態なんです。
売上にそのまま税金がかけられているとうことなので、必要経費や所得控除が考慮されていないんですね。
基本的には多めに徴収されているので、確定申告で清算すれば、払いすぎている分が戻ってきますよ。

図40と41にも構造を示しておきましたから、見ておいてください。

う〜ん、ということは、確定申告で経費などを計上して、税額を確定するということですね？

その通り。
これを知らないフリーランスの人が、「税金は天引きでもう払っているから申告不要でしょ」と考えたり、「確定申告は面倒だし、このぐらいの金額だったら申告いらんでしょ！」みたいな感じで、確定申告をしないパターンは結構あるんですが……

》図40 源泉徴収制度の構造イメージ

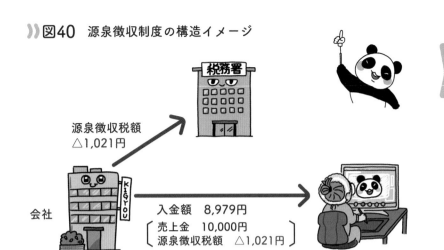

源泉徴収税額
△1,021円

会社

入金額　8,979円
[売上金　10,000円
　源泉徴収税額　△1,021円]

》図41 売上から税額に至るまでの経過図

×10.21%

売上

経費

所得

所得控除

課税所得

税額

所得税税率表

課税される所得金額	税率
1,000円〜1,949,000円まで	5%
1,950,000円〜3,299,000円まで	10%
3,300,000円〜6,949,000円まで	20%
6,950,000円〜8,999,000円まで	23%
9,000,000円〜17,999,000円まで	33%
18,000,000円〜39,999,000円まで	40%
40,000,000円以上	45%

それって、めちゃくちゃ損していますよね？

そうなんです。
税金を多く納めているにもかかわらず、むしろ確定申告していないことで、税務署にバレたらどうしよう、みたいないらない不安を抱えているフリーランスの方は、実はむちゃくちゃ多いと思います。

そうなのかー。実は私も、そんな感じで考えていました。危ない。

なので、フリーランスの方にはやっぱり確定申告が必須なんです。

¥ 源泉徴収されているかどうかは「支払調書」で確認できる

ふむふむ。
あ、そういえばじてこ先生、自分で請求書を作成していたら源泉徴収されていることがわかるかもしれませんけど、請求書なしで、先方から振り込まれるタイプの報酬もあるんです。
そういう報酬については、源泉徴収されているのかどうか見分けることが難しくないですか？ どうすればいいんでしょう？

そうですね。取引先によっては源泉徴収されていない取引もあると思います。
その場合、支払者に対して各取引での支給額や源泉税額が記されている「**支払調書**」という書類を発行してもらえるように依頼しましょう。
大体は確定申告シーズン前の1～2月くらいに、前年分をまとめて送ってくれます。

あ、そういう書類があるんですね。安心しました。
あと、実は昨年の独立後の収入について、バタバタしていて確定申告していなかったんですけど、今のお話を聞いて「しまったな」と思っています。
これって、過去にさかのぼって申告することもできるんですか？

はい。5年間さかのぼって申告することが可能です。

そうですか。うん、疑問がすっきり解消しました。
では、今年分も昨年分も、しっかり申告してお金を取り返すようにします！
ありがとうございました！

1円でも多く取り返してくださいね〜。

まとめ

- フリーランスについて、原稿料や講演料、デザイン料、士業への報酬など特定の報酬については、税金が源泉徴収されている。
- その税額は必要経費が考慮されていない形で天引きされているので、多めに徴収されている。確定申告で経費等も含めて申告すれば、経費額に税率をかけた分だけ節税できる。

医療費控除って、
どれくらい使えるんですか？

質問者 **原イキっ輝**（てる）

42歳男性　妻（専業主婦）、
長男5歳、長女3歳　年収1,000万円
大手通信系上場企業の課長
口ぐせは「俺レベルの人間は……」

▶

¥ 医療費が10万円を超えたら受けられる

先生、**医療費控除**について教えてください。
サラリーマンでもできる節税対策として、よく聞くんですけど、
ルールがまったくわかっていなくて……。

はい、わかりました。
医療費控除は、1年間のうちに治療費や薬代などの医療関係の支
出に一定額以上を支払った場合、確定申告をしたら税金が戻って
くる、という仕組みです。

なるほど。その「一定額以上」っていくらなんですか？

10万円以上ですね。
たとえば、医療費で年間15万円の支払いがあった場合、10万円を
超えている5万円分だけが控除対象になります。この5万円に税
率をかけた額が節税できる、というイメージです。

ちなみに総所得金額等が200万円ない場合には、医療費支出の合計が10万円なくても、支払った医療費のうち総所得金額の５％を超えている金額分を医療費控除の対象にできます。

基本的には10万円以上ってことですよね。
ぶっちゃけ、１年間ではそこまで医療費を使わないような気がしますから、あまり使えない控除ですね。

¥ 合算可能で意外と受けられる事実

そう思うじゃないですか？ でも、甘いです。（笑）
そもそも原さんは、医療費の年間使用金額を集計したことはありますか？
その計算自体、実際にやっている人は少ないと思ってるんですよね。

確かにそうですね。計算するどころか、医療費の領収書も保管することなくその都度捨てています。

そういう人、とても多いんです。
でも、医療費控除の10万円って、実は自分の支払った医療費だけではなくて、家族分を合算することができるんです。
もちろん、生活費が同一となっている親族だけですが。

加えて、病院での治療費、薬局で購入した薬の代金のほかにも、**病院に行くための交通費**なんかも加算対象として認められているので、世帯単位で考えたら10万円を超えてくる人は、結構多いんじゃないかなぁ、と思うんです。

あ、交通費については、必要性もないのにタクシーとか使ったらダメですけどね。
逆に言えば、必要性があればタクシー代でも認められることがあります。

マジですか!? それなら、超えるかもですね。
家族って、田舎の父や母の分はさすがに無理ですよね？

いや、これも実際に支払っていることが必要ですが、もし<u>生活費等を原さんが仕送りして払っているなら、田舎のご両親の分まで含めて計算してもOK</u>なんです。
法律的には「生計を一にする配偶者とその他の親族」という記載になっていて、この「**生計を一にする**」という言葉の定義では、たとえ別居していても生活費等の送金の事実があればOK、とされているからなんです。

時々両親に仕送りしていますし、まとまったお金が必要な治療のときには僕が負担することもあるんで、対象になるかもしれませんね。対象になるなら、確実に10万円を超えそうです。

あ、ただ父には保有している不動産があって、そちらからの収入があるので、自分の確定申告で控除対象にしているかもしれません。

¥ 家族の中で所得が一番高い人に集めるのがセオリー

その可能性はありますね。申告前にご本人に確認することが必要です。

ただ、もう1つの観点で言えば、<u>医療費控除は家族の中でもっとも税率が高い人にまとめたほうが、節税効果は高くなります</u>よ。
お父さんの不動産収入より、原さんの稼いでいる所得のほうが高いのであれば、原さんのほうが税率も高くなっているので、医療費支出の額は同じでもそこにかかる税率が高くなる分、減税効果も高くなります。

なるほど、**税率が高い人に控除額を集めると、よりオトク**なんですね。

そうそう。これは医療費控除に限らずですけど。

参考になるわ～。

あとは、緊急時などのやむを得ない場合のタクシー代なんかも対象になるので、忘れずに領収書を残して、合算するようにしましょう。

10万円をギリギリ超えるような場合には、控除できる金額も少なくてあまり意味がないようにも感じますが、前にも少し触れたように控除項目は課税所得を減らして、各種の「所得の壁」を超えないよう調整する道具としても使えます。必要に応じて使えるように、きちんと医療費関係の領収書は保存しておくことをお勧めします。

すっきり解決どころじゃないですね。サラリーマン節税の向こう側です。

しっかり理解していただけたなら、よかったです。
とりあえずは医療費関係はすべて、領収書を残すように意識してください。

ま　と　め

● 医療費控除は、自分で利用した分だけではなく、家族の分も合算できる。
● たとえ別居していても、同一生計となっている親族ならその医療費分も合算できる。
● 家族の中で一番所得（税率）の高い人の申告時に医療費控除をまとめてつければ、もっとも節税効果が高くなる。

医療費控除を受けようかと思っとるんやけど、娘に勝手に確定申告をしたらダメだと言われてます。どうして、ダメなんやろ？

質問者 吉岡すべりーまん

52歳　男性

妻50歳、長女25歳、次女20歳

エンタメ系グッズ販売

自分をおもしろいと過信している

声が大きい系おじさん

¥ ワンストップ特例の申請後でも、確定申告は自由にできる

先生、ワシ、今年の医療費が10万円を結構超えてるんで、さっき別の人に言うてた医療費控除をやったろ、と思てるんや。
そやけど、実は娘に確定申告したらアカンて言われているねん。
これ、どういうことですやろ？ ワシ、確定申告できますか？

（声、大きいっ!! めちゃくちゃ元気そうやけど……）
そうなんですね。ご体調は大丈夫ですか？

……まぁ、いろいろな状況が考えられますけど、娘さんに確定申告はダメだって言われたとき、理由も何か言っていませんでしたか？

なんや、ふるさと納税がなんたら、とか言っとった気がする。

あ、わかりました。
とりあえず先に結論だけお伝えしておくと、吉岡さんが今年、確定申告して医療費控除することは可能です。
申告するときに、ちょっと注意が必要になりますけどね。
娘さんにも、あらかじめ相談しておいたほうがいいですね。

そうでっか？ それは、よかった。
で、娘はなんで申告するなって言うんですか？

おそらく、確定申告をしなくてもふるさと納税の恩恵が受けられるように、「ワンストップ特例」というのを使っているからだと思いますね。
この章の2人目の相談者のところでも少し説明させていただいたので、読者の方はそちらも確認しておいてください。

え〜と？ その「ストップ」なんちゃらを使っていたら、確定申告はできなくなるんでっか？

（少なくとも「ストップなんちゃら」ではないな・笑）
ふるさと納税をしていて、それについてワンストップ特例利用の申請をしていると、確定申告ができなくなるのではなくて、確定申告をするときに少し注意が必要になるんです。

ふむふむ。

確定申告をしたら、事前にしたワンストップ特例申告は無効になる

ワンストップ特例は、本来必要なふるさと納税についての確定申告での手続きを、寄付先が年間5自治体までなど一定の条件を満たす場合に、事前の申請で免除する制度なんですよね。

だから、<u>医療費控除に限らずなんらかの理由で確定申告をする必要性が生じた場合には、事前に申請してあった「確定申告不要」のワンストップ特例が無効になっちゃうん</u>です。

で、そうなると手続きの免除が無効になっているので、確定申告するときに医療費控除などと合わせて、<u>ふるさと納税での寄付金額などを「**寄附金控除**」の欄で改めて申告しないといけません。</u>

ほぅ、そこは注意しないとアカンということか……。

そうです。ふるさと納税をしたときに、いくら寄付をしたか、つまりいくら税金の前払いをしたのかを証明する書類が届きますから、そこに記載されている金額を申告時に記入する必要があります。

電子申告などで書類の提出が不要な場合もありますが、説明を求められたときに証明できるように、<u>5年間は保存しておいてください。</u>

なるほど。そういうことなら、ふるさと納税したときの資料があるか、娘に聞いてみますわ。

そうですね。忘れずにふるさと納税についても申告しないと、医療費控除で2万円得をしようとして、ふるさと納税のワンストップ特例無効に気づかず5万円損してしまった、なんてことにもなりかねないので、十分注意してください。

まぁ、間違いに気づいてからの**更正の請求**もできますけどね。

了解ですわ。うまいこと申告して、しっかり得してやりまっせ。先生、おおきに！

ま と め

- ●ふるさと納税に関する確定申告時の手続きが不要になるのが、ワンストップ特例制度。事前にこの制度の利用を申請している場合でも、別の理由で確定申告をする必要性が生じた場合は、自由に申告できる。
- ●ただし、その際にはワンストップ特例の利用申請が無効になっているので、ふるさと納税についても「寄附金控除」の欄でしっかり申告しないと、大損をしかねない。

パートをしていますが、6月にはあまり働かないほうがいいと言われました。これってどういう意味？

| 質問者 | シンママ大竹 |

30歳　子供7歳　シングルマザー
倉庫で軽作業勤務

¥ 社会保険料の節約法の定番

せんせ〜、先輩のパートさんと話をしていたら、6月はあんまり働かないほうがいいと言われたんですけど、これ、どういう意味かわかりますか？
なんとなく、税金の関係なんじゃないかとは思うんですけど……。

はいはい、わかりますよ。でも残念、税金ではなくて、社会保険料に関係した話ですね。
先輩さんの言う通り、4月から6月にかけての働き方によっては、社会保険の保険料を抑えることができるんです。

えーーーっ、そうなんですか!?
社会保険料って、年金とか健康保険の掛け金のことですよね。税金と同じくらい取られていますし、めちゃくちゃ教えてほしいです!!

まぁ、保険料ですから必ずしも「取られている」わけではないんですが……気持ちはわかります。（笑）

お答えすると、**社会保険の保険料って、1年の中でも4月、5月、6月の3ヶ月間の平均報酬額を基礎にして計算し、決めている**んですね。
あ、厳密に言えば、翌月払い給与の場合は3月、4月、5月の勤務実績が反映されます。
なので、いずれにしろこの期間にバリバリ働いてたくさん稼ぐと、この3ヶ月間の平均報酬額が高くなって、その後の保険料が増えます。
逆に言えば、この期間だけでも少し抑制して働くと、該当期間の平均報酬額も低くなって、社会保険の保険料を減らせるという仕組み、というかコツがあるんですね。
パートの先輩さんは、このことを言っていたんでしょう。

最高すぎますっ！いくらぐらい減らせるものですか？

たとえば、月額平均報酬が25万円の人が、この3ヶ月間だけでも23万円に報酬を抑えたとしたら、社会保険料の負担減少額は月額3,000円くらいですかね。
年間では、3.6万円くらい減少するイメージです。

地域によっても変わるんですけど、報酬総額に約15％をかけたら、おおよその社会保険料の金額を計算できますよ。
具体的には、**月額平均報酬額を1万円減らしたら、1万円×15％＝月額1,500円の負担が減少する**イメージです。

すごーい！計算方法まで！
じゃあ、この節約法を実践するには、4月から6月（翌月払いの場合は3月から5月）の間はシフトを調整したり勤務日を減らしたりして、あとは残業しないようにするとかでいいんですか？

そうですね。一般的にはそれでいいと思います。

💴 会社側の協力が得られるなら、もっとがっつり減らす方法もある

あとは、パートで活用することは困難だと思うので余談として聞いてもらいたいのですが、毎月の固定給をあえて減らして、代わりに賞与を増やしてもらうことで、年収は変えずに手取りを増やすなんてこともできたりします。[1]
また、定期昇給のタイミングを4月から7月以降に変更するなどすれば、社会保険料の負担額を減少させることができますね。[2]

うーん、さすがにそれは、社長とかまで巻き込まないと無理ですよね？　あ、そもそもパートだと無理なんでしたっけ？
どっちにしても、私、今のパート先の社長のこと大嫌いなんで、そこまで話したりはちょっとできませんね。呼吸音すら嫌いなので。

（あ、そういえばこの方はそうだったか……）

でも、いろいろと方法があることはわかりました。
大きい会社では勤務条件を変えることはなかなかむずかしいだろうけど、小規模で、身内だけでやっているような会社さんだったら、ある程度柔軟に対策できそうですしね。
そういうところでは役立ちそうです。

おっしゃる通りです。
今は簡単に株式会社がつくれるし、特に大きく儲かっていない起業当初の会社などは、払う税金も少ないので、節税対策よりも社会保険料の節約策を講じるほうが、実質的な効果は大きいことが多いですね。

ふ〜ん？

※1　賞与に対する社会保険料の上限（健康保険年額573万円、厚生年金月150万円）が設けられていることで、超えて支給された分について、社会保険はかからないという性質を利用した手法。

※2　4〜6月の3ヶ月間の報酬が社会保険料の算定基礎になっていることから、昇給月をずらすことで昇級前報酬額を社会保険料の算定基礎にさせる手法。

¥ デメリットもあるので、あまり気にしないことが個人的にはお勧め

ただ、少し気をつけないといけないのが、社会保険制度からもらう側になった場合、つまり、年をとって年金をもらうことになったとか、病気をして**傷病手当金**をもらう状況になったりしたときに、社会保険料の節約策をやりすぎていると、平均報酬額を算定根拠にしている傷病手当金、**出産手当金**、将来の年金などの金額が減るデメリットがあることですね。

あ、そっか。**目の前の段階では節約できても、保険の掛け金を減らすわけだから、もらえる保険金も減る**ってことですね。
うーん、悩みどころです。

ほかにも、社会保険料の節約を気にしすぎて、上司の人に無理なお願いをして職場の人間関係が崩れるリスクがあったり、働くペースをその時期だけ少し落とすわけですから、その分、別の人がその減ったシフト分をフォローしないといけないなど、リスクやデメリットがないわけではない節約法なんですよね。

なので、僕の個人的な考えでは、パートやアルバイト、あるいは社員さんとして雇用されている間は、あまりこの節約法は気にしないでふつうに働くほうがいいんじゃないかな、と思っています。自分で起業している人やフリーランスの方で、直近の資金繰りを改善したいという場合にはお勧めできるのですが……。

ふーん。なるほど、よくわかりました。
とりあえず、私自身はあまり気にせずにシフトを入れるようにしようかな。
先生、ありがとうございました！

ま と め

- ●社会保険の保険料は、毎年4〜6月の3ヶ月の報酬額をベースに計算される。そのため、4〜6月の報酬額（翌月払いの場合は3〜5月の勤務実績）を意図的に減らし、社会保険の保険料を減らす節約法がある。
- ●リスクやデメリットもあるので、実際に行おうとする場合には慎重に進めよう。職場の人間関係にも要注意。

·09

スーツは絶対「経費」でしょ！
なんとか経費で落とす方法を教えてください。

質問者	木村マン

24歳　年収280万円　独身
スーツが嫌いでスウェットで
出勤したいタイプ

¥ 実態は経費でも、実際にはなかなか経費化できない

じてこ先生、サラリーマンにとって、スーツは絶対に経費だと思うんですよ。でも、ふつうは経費にできないじゃないですか。
いつも悔しくて……経費にできる方法ってないですか？

（この「絶対に○○である」的な話し方するタイプ……国税時代のパワハラ上司を思い出すな〜）
確かに、ふつうに考えたら、仕事で使うスーツは経費にしてほしいですよね。
でも、実際には経費にできているケースはほとんどありません。
スーツ着用はあくまで職場のドレスコードという扱いで、職場以外でもフォーマルな場で着ることはありますし、**会社の業務のためだけに使うものではないから経費にできない**という扱いになっているんです。
その気になれば、普段使いだってできないわけではありませんしね。

それはそうでしょうけど、なんだか納得できません。
私はスーツが嫌いで、仕事じゃなかったら絶対着ないですから。

そういう方もいますよね。
さっきも言ったように、ふつうは無理なんですが、実はサラリーマンでもスーツ代を経費にして、節税できる方法がありますから紹介しましょう。
ちょっとハードルは高いんですが、ぜひ挑戦してみてもらいたいです。

そんな方法があるのなら、ぜひ教えてもらいたいです！

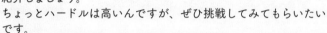 ¥「特定支出控除」があるが、ほとんど利用されていない！

そもそもサラリーマンには、「経費」って発想自体があまりないですよね。
でも、企業の「売上ー経費＝事業収益」という基本式と同じで、サラリーマンの方でも「収入ー経費＝課税所得」という構図は同じなんです。
税金のほとんどは課税所得の部分にかかるので、**経費が増えれば所得が減って、税金も減らせます。**

この視点から、サラリーマンにももっと経費を認めましょう、という趣旨の税法の規定があります。
「**特定支出控除**」という所得控除です。

でも、実際のところ国民の99％以上が活用できていません。

「特定支出控除」？ 初めて聞きました。
99％以上が活用していないって、ほぼ使われていないということですよね？
なぜ、普及しないんですか？

大きな要因は、利用に会社の承認が必要だからじゃないかな？ と思っています。
たとえばご質問のスーツ代なら、会社からの要請で従業員がスーツを着用していることを、会社側に証明してもらう必要があるんです。
「**給与所得者の特定支出に関する証明書**」という書類を会社側に発行してもらう必要があるんですね。

……それ、絶対無理ですよ。
仕事にスーツが必要だと会社が認めてくれるなら、そもそも最初から、領収書と引き換えに会社が経費で清算してくれていませんか？

そうなんですよね〜。
この証明書を会社側が出せば、専門的には「**経費性を認めた**」ということになるので、会社として仕事に必須だと認めるなら、そもそも経費で買ってくださいよって話になります。
むしろ会社が負担すべき経費を、これまでずっと従業員に負担させてきたってことになりますから、実態がどうあれ、会社側としてはなかなか色好い返事はできないでしょうね。

やっぱりそうですよね。
ってことは、結局は無理か〜。

💴 ダメ元で打診してみることをお勧めします！

いや、必ずしもそうとは言い切れませんよ？

最近は働き方も自由になっていて、職場や職種によっては出社もさほど必要ない、というような会社もあります。ドレスコードも全般的に緩くなっていますよね。
そういう状況で、たとえば営業職だけはスーツ必須というルールを運用しているなら、会社としても特定の社員だけにスーツ代という経済的負担を与えているわけで、なんらかのフォローをしたいと考えているケースは結構あるのではないでしょうか？

あるいは、少子化で今後、人手不足が進んでいくとしたら、少しでも従業員を自社に惹きつけるのに「スーツ代の経費清算までは申しわけないができないけれど、『特定支出の証明書』は出しますよ」という企業も出てくるかもしれません。

社風や会社の規模にもよるとは思いますが、柔軟な会社ならば軽く相談してみるくらいは、試みてもいいのではないでしょうか。

なるほど。……うーん、ウチの会社はどうかなぁ？

ちなみに、この特定支出控除では、スーツ代のほかにも経費の対象になる項目はあるんですか？

たくさんありますよ！ **図42**をチェックしてみてください
資格取得にかかる費用や、**職務関連の書籍代、新聞代、特急電車を利用したのに会社負担してもらえなかった交通費**、こういった支出についても、会社が証明書を出してくれれば経費として申告できます。
あ、あとは**取引先との会食などの接待交際費**も対象です。

》 図42　特定支出になる支出

通勤費用	通勤に使う交通機関の利用料を個人で支払っている支出額。支給される通勤費を超過する場合の支出額。
引越し費用	転勤の際の引越しの費用を個人で支払った場合の支出。
単身赴任者の帰宅費用	単身赴任の人が配偶者の住む家に帰宅する際の費用を個人で支払った場合の支出。
資格取得のための費用	業務に必要な資格を得るための費用を個人で支払った場合の支出。
業務に関する図書購入費	職務関連の本、雑誌、新聞などを個人で購入した場合の支出。
業務に関する衣類購入費	業務に必要な制服、事務服、スーツなどを個人で購入した場合の支出。
業務に関する交際費	接待代、取引先のお歳暮代などを個人で支払った場合の支出。

※「業務に関する図書購入費用」「業務に関する衣類購入費用」「業務に関する交際費用」はすべて合わせて65万円までしか特定支出控除にならない。

メチャクチャたくさんあるじゃないですか!?
これ、工夫次第では革命的な節税スキームが生まれそうですね。

うまく会社側の協力が得られれば、普及の突破口を開けるかもしれませんね。
あまり普及すると、それはそれで法改正で節税法が塞がれてしまうかもしれませんが、現状ではほとんど使われていないので、その心配もしばらくはないでしょう。

……とりあえず、経理部にいる同期にでも内々に相談してみよう と思います……。

注意点としては、この制度の利用条件として、<u>特定支出の支出額 が給与所得控除額の2分の1を超える金額でなければならない、</u> というものがあります。

つまり、たとえば年収280万円だったら、スーツ代などの特定支 出の合計額が年間46万円以上でなければ特定支出控除は使えませ ん。試しに領収証をとっておいて、1年間でどれくらい該当する 支出があるか合算してみてもいいかもしれませんね。ぜひ、挑戦 してみてください！

計算式については、**図43**を確認しておいてくださいね。

》》**図43** 給与所得控除額の計算表

給与等の収入金額 （給与所得の源泉徴収票の支払金額）		給与所得控除額
	1,625,000円まで	550,000円
1,625,001円から	1,800,000円まで	収入金額×40％−100,000円
1,800,001円から	3,600,000円まで	収入金額×30％＋80,000円
3,600,001円から	6,600,000円まで	収入金額×20％＋440,000円
6,600,001円から	8,500,000円まで	収入金額×10％＋1,100,000円
8,500,001円以上		1,950,000円（上限）

特定支出控除額の計算例

計算例 特定支出−給与所得控除額×1/2＝<u>特定支出控除</u>

給与収入：280万円で特定支出額に70万円使った場合
70万円−（280万円×30％＋8万円）×1/2＝24万円
➡特定支出控除額として24万円を計上できます。

出典：No.1415 給与所得者の特定支出控除 国税庁（nta.go.jp）

ま と め

●サラリーマンにも必要経費が認められる制度「特定支出控除」があるの で、活用の可能性を模索してみよう。

独立開業をするまでに、その開業のための費用を負担するのが大変です。どうしたらいいでしょうか？

| 質問者 | SASUKE命の福田 |

26歳　年収290万円

不動産会社勤務　独身

サラリーマン川柳への応募が趣味

¥ 「開業費」として経費化可能！

会社を退職して、4月から個人事業主として動画編集で開業しようと思っています。
それで、経費のこともあるから開業前にパソコンを買うか、開業後にパソコンを買うか迷っているんです。アドバイスをお願いします。

迷う必要ないですよ。開業前に買って、仕事効率を高めましょう。
開業に向けた手続きとかもあるでしょうし。

えっ？
でも、開業前の支出では経費にできないんじゃないですか？

そんなことはないですよ、経費で落とせます。
開業するまでの準備期間に生じた支出は、「開業費」という名目で経費化可能ですから。
ただし、領収書はしっかり保存しておいてくださいね。

僕自身、開業するまではレシートなどをとっておく習慣がなかったので、本来なら開業費として経費化できていた支出を、自腹で払ったことにしかできなくて、「もったいないことをしたな〜」と開業後にずいぶん思いました。
ですから、開業前からしっかりとレシートや領収書を保存しておき、そのパソコンもフル活用して、濃度の高い準備をしていってください。

そうなんですか。それは、正直ありがたいです。
パソコンのスペック不足で、動画編集の作業効率も悪くなってしまっていたので、開業前から用意してもいいなら助かります。

厳密に言えば、**繰延資産**に計上して、**減価償却**で何年かにわたって経費化していくことになると思います。
パソコンの価格によっても細かい処理方法は異なりますが、動画編集用のハイスペックなパソコンなら、通常の減価償却の対象となるか、**少額減価償却資産の特例**という方法を使うことになると思います。
まぁ、この辺りは覚えておかなくても大丈夫ですが。

なるほど、なるほど。
え〜と、パソコン以外にも、開業費として認められる経費はありますか？

¥「開業費」はさまざまな支出が対象になる

ありますよ〜。ホームページの製作費や名刺の作成費、あいさつ回りのときに使った交通費、打ち合わせ等の飲食代など、幅広く認められています。次ページの**図44**も見ておいてください。

すごい。それなら、開業の準備をもっと具体的に進めていけるので、非常にありがたいです。

ちなみに、どのくらい前の費用から対象になりますか？
開業の予定日が延びてしまう可能性もありまして……。

》》図44　開業費の例

・開業のためのセミナーの参加費用	・関係先への手土産
・市情調査のための旅費、ガソリン代	・広告宣伝費
・通信費用	・パソコン購入費用
・打ち合わせ費用	・HP製作費

そこも、**何年前までという具体的な線引きは決まっていないん**ですよね。
あくまでも、基準は開業のために必要な支出であった、と説明できるかどうかです。

開業後はなんだかんだと忙しいので、開業する前から、できることはどんどん前倒しで進めていくことを経験者としてお勧めします。
そして、領収書やレシートの保存も忘れずに！

はい、そうします。
貴重なアドバイスありがとうございました！

ま　と　め

●開業前に使った事業のための支出は、開業後に経費化可能なので、領収証などを捨てずに保管しておくこと。
●開業のために必要な支出であれば、かなり幅広く経費として認められる。何年前まで、といった時間的な線引きもない。

医療費がなかなか10万円を超えそうにないんですが……どうにかなりません？

| 質問者 | 革命家兄弟イソベ |

33歳　年収350万円

広告代理店勤務

投資系コンテンツ配信

¥ 奥の手!! 10万円を超えていないけど医療費控除ができる！

じてこ先生、医療費控除って、10万円を超えないと控除対象にならないじゃないですか？

そうです。
所得が200万円を超えている人は、10万円を超えた分が対象になりますね。

自分は病院はあまり行かないのですが、ドラッグストアで目薬や鼻炎薬などの市販薬をわりと買うので、試しに1年間で使った金額を合計してみたんですよ。結果、5万円程度でした。
なかなか、10万円なんて超えないですよね？

家族の分も合計しました？

はい、さっきそう説明していたから、合計しましたよ。
両親に関しては父がまだ現役で働いているので、そちらで申告しているようです。

それなら、市販薬の購入が多いってこともあるし、「**セルフメディ ケーション税制**」の利用ができないか考えましょう。

なんですか？　その瞑想法みたいな名前の税制？

（瞑想法って、おもしろい感想やな・笑）
医療費控除の裏技と言うか、特例です。
薬局などで市販されている特定の薬、いわゆる「**スイッチOTC 医薬品**」のうち、一部の薬についてはその購入にかかった費用の 年間合計が1.2万円を超えていれば、その超えた部分をセルフメデ ィケーション税制の特例を使って医療費控除できる、という制度 ですね。

イソベさんの５万円の支出がすべてスイッチOTC医薬品で、所得 税等の税率が30％だと仮定した場合、（50,000円－12,000円）× 30％＝11,400円となりますから、1.1万円以上節税できる計算にな りますね。

なお、控除額の上限は8.8万円で、ハードルの1.2万円を足せば10 万円となりますから、それ以上の医療費支出がある場合には、通 常の医療費控除を使うことになります。
通常の医療費控除か、セルフメディケーション税制の特例か、ど ちらかしか選べないルールになっています。

（¥）健康診断や予防接種などを受けることも条件の１つ

マジですか？
……ということは、スイッチOTC医薬品を年間1.2万円以上買っ ているなら、セルフメディケーション税制を使って申告すること で、所得税の税率分だけ実質的に値引きされた状態で購入できる、 ということになりません？

するどい。その通りですね。**税率が30％の人だったら、３割引きで購入できるイメージ**です。

マジでオトクですね！
これ、転売ヤーとかが知ったら、革命が起きるんじゃないですか？

（革命はそんな簡単には起きないっ！）
残念！ 医薬品はメルカリ等では出品が禁止されていますし、そもそも**医薬品の販売を許可なく行うと違法**なんです。逮捕されます。それに、制度上8.8万円の控除が上限なので、仮に転売に成功しても大して儲からないはずです。（笑）

あらら。まぁ、そりゃそうですよね。
一瞬、海外への転売なども考えてしまいましたが……。

……それはちょっとかなりグレーで危険な話になるので、国内の話に戻させていただきますね。

セルフメディケーション税制については、実はほかにも利用するための条件があります。
突然ですが、イソベさんは人間ドックや健康診断、予防注射などは受けていますか？

はい。人間ドックはしていないですけど、インフルエンザの予防接種はしていますね。

インフルエンザの予防接種でオッケーです。
セルフメディケーション税制を利用するには、健康維持や病気予防への取り組みを行っていることが必要なので、予防接種、健康診断、人間ドック（健康診査）、メタボ健診（特定健康診査）、がん検診のどれかを年内に受けていないと利用できないんですね。

たとえば個人事業主やフリーランスで、会社での毎年の健康診断を受けていない、というような人は、この点にも気をつけてください。

わかりました。
ふむ……じゃあ、セルフメディケーション税制を実際に利用するには、具体的にはどうしたらよいですか？

¥ 選別や集計がちょっと面倒だけど頑張ろう！

まずはその年に購入した市販薬のうち、どれだけがセルフメディケーション税制の対象になる薬かを調べないとダメですね。

薬局で買った薬、全部ではダメですか？

ダメです。特定の医薬品じゃないとダメで、レシートを見ればわかるように記載されていますから、そこに注目して選り分けて、対象の薬品だけで合算します。
医薬品のパッケージ自体にも記載されているので、購入時にも判断できますよ。
図45や46も見ておいてください。

》図45　領収書サンプル

```
       ○○○薬局
        領収書
    平成29年△月×日

★風邪薬        ￥800
★頭痛薬        ￥1000
 栄養ドリンク    ￥400
 歯ブラシ       ￥200
        合計  ￥2400

★印はセルフメディケー
ション税制対象商品
```

》図46　対象商品マーク

このマークが商品のパッケージ上に
印刷されています。

（出所：国税庁HP）

このステップは、ちょっと面倒くさいですね。

そうですね（笑）。
でも**節税って、基本的にこういう細かい作業の積み重ね**なんです。

この作業をすることで、1万円ほどは税金が戻ってくるんですから、時給で考えれば結構、わりがいいのかな？

そうですね。
一度やって慣れてしまえば、今後はセルフメディケーション税制の対象商品だけを選んで購入することもできますし。
そうすると、申告時の整理もかなりしやすくなりますよ。

アマゾンなどのネット通販サイトでは、セルフメディケーション税制の対象商品だけを絞り込むことも可能ですから、ぜひ試してみてください。

ふむふむ。このレシートの抽出作業と集計が終わったら、合計して1.2万円以上あれば確定申告。これで大丈夫ですか？

そうです。あ、万一、説明を求められた場合に必要ですから、インフルエンザの予防接種を受けた際の領収証や薬のレシートなどは、5年間は保存しておいてください。
健康診断等の場合は、診断結果の通知表などで大丈夫です。

了解しました。

先ほども言ったように、医療費控除とセルフメディケーション税制はどちらか一方しか使えないんですが、共働き夫婦の場合には分けて使うこともできます。

市販の医薬品以外の通常の医療費だけで10万円以上あって、さらに、それとは別に対象の市販薬だけで1.2万円以上の支出があるときなんかには、別々に使えばさらにオトクになるでしょうね。

 よくわかりました。
これなら、自分でも医療費控除を使えそうです。
ありがとうございます。

 ま と め

● 医療費が10万円に届かない場合には、特定の市販薬で1.2万円を超えた部分についてセルフメディケーション税制を活用することもできる。
● 対象の商品は、パッケージの表示やレシートの記載内容で選別できる。
● 細かいチェックや集計の作業は面倒だけど、節税とはそういうもの。時給で考えればわりがよいことが多い。

第 **5** 章

嘘やろっ!?
雑談で使える税金雑学

水より安いガソリンが
あるって聞いたんですけど、
そんなガソリン、本当にあります？

質問者	遊び人北島

28歳男性　独身

フリースタイル活動家　年収不明

関連動画再生回数

25.3万 回

¥ ガソリン価格の約半分は税金!?

先生、この間、知り合いに「水より安いガソリンがある」って話を聞いたんですけど、本当ですか？
最近はどこもガソリンが高いじゃないですか？
そんなに安く売っているガソリンスタンドがあるなら、場所が知りたいです。

いや、ふつうに嘘ですね。（笑）
そんなに安いガソリンなんて、ないでしょう。

それに、僕は税金に関してはプロですけど、ガソリンスタンドについて詳しいわけではないんで、ちょっとわからないです。

あ、そうですか。そりゃ残念。

……いや、ちょっと待ってください。
……もしかしたら、やっぱり税金に少し関係した話かもしれません。

ガソリンの小売価格のおよそ半分が税金だから、その税金を除いたら、水より安く買えるはず、というところから出てきた噂話みたいなものかもしれませんね……。

んん？ どういうことですか？

ガソリンの小売価格をリッター160円と仮定して、この場合の元値、つまりガソリン本体の価格って、約55％にあたる88.9円なんだそうです。
それ以外の71.1円は、実は全部税金なんです。
いくつかの税金がかかっているんで、細かい税目の内訳については**図47**を確認してください。

》》図47 ガソリン価格内訳

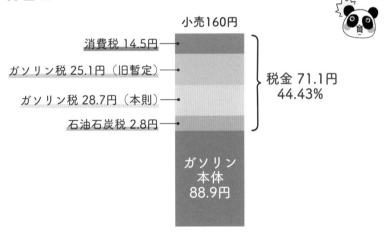

なるほど、元値のリッター88.9円なら、スーパーなんかで売っているミネラルウォーターの1リットルボトルよりも、確かに安いですね!!
そこから来ている話が、実際に元値で売っている、みたいな話にどこかですり替わったんでしょうかね？

ただ、僕は1リットル80円くらいで、安いミネラルウォーターを売っている激安スーパーを知っていますけどね～。
これなら、まだ水のほうが安いでしょ？

（まったく、いらん情報……・笑）
まぁ、そうですね。（笑）
でもまぁ、話の出どころに見当がついたみたいでよかったです。

世間一般的には、ガソリンには税金がたくさんかかっていて、元値の倍以上の売価になっている状況にはあんまり注目が集まっていないんですが、ガソリンをたくさん使う仕事をしている人なんかには、納得しがたい思いを抱いている方も結構いるみたいです。

💴 ガソリン税と消費税は本当に二重課税になっているのか？

へぇ、そうなんですね。どれどれ、スイッ、スイッ、スイッと。

……あれ、先生。今、スマホで「ガソリン税」で調べたら、「**二重課税問題**」というキーワードの記事がたくさん出てきましたよ？
結構注目されているじゃないですか？

え～と、「二重課税」とは税金に税金がかけられている状態であり……って、え――!? ガソリンについては税金にさらに税金がかけられているんですか？
そんな状況は、庶民の1人としては納得できないっす！

あー、まぁ、そうなんですよね。
ガソリンに関しては、価格に占める税金の割合についてはあまり注目されていないのですが、ガソリンの売値に含まれている**石油石炭税やガソリン税**に対して、販売時にさらに消費税がかかっていることについては、石油関連事業者の中で議論になっています。

あ、ちなみに厳密には「ガソリン税」という名前の税金はなくて、**揮発油税**、及び**地方揮発油税**の総称として、まとめて「ガソリン税」と呼ばれることが多いです。

なるほど。……その二重課税の話って、大人はみんな知っていて許容しているんですか？

正直、一般的にはそこまで知られていない話だと思います。
ただ、選挙のときには何度か議論が盛り上がって、ある程度、選挙結果で国民の合意を得てきた経緯がありますからね……。
まったく許容されていないわけではないと思いますが、感情的に全然納得いかない！ という人も多いかもしれません。

なお、政府の見解としては、少なくともこのガソリン税に関しては二重課税ではない、という結論になっていますね。

なんでですか？
どっからどう見ても、二重課税な気がするのですが。

政府の見解としては、税の負担者が違う、というところに着目しています。
石油石炭税やガソリン税はガソリンの生産者、つまり石油会社が負担者で、消費税に関しては消費者が負担することになっているので、同じ人に二度の負担を強いているわけではない、という言い分ですね。

なるほど。敵も考えましたね。

（「敵」ではないんやけどね。まぁ、気持ちはわかる……）
また、こうしたパッと見では二重課税に見える税の仕組みは、必ずしもガソリン税だけではなくて、お酒とかビールなどにかかってる酒税や、たばこにかかっているたばこ税も同じなので、**メーカーや生産者にかかる税金っていうのはコスト（原価）の一部ですよ**っていう考え方があるんです。

まぁこれも、実際には価格に転嫁されているので、最終的な実質負担者は消費者になっている気はしますけどね。
少し苦しい言い分かもしれません。

価格への転嫁って、どういう意味ですか？

価格転嫁をざっくり言えば、<u>仕入値段が上がったら、売るときの値段も上がるから、最終的には仕入価格の値上がり分を消費者が負担することになる、という一連の流れ</u>のことです。

たとえば何かの商品の仕入価格が50円高くなったとき、売る側は得られる利益を変えたくないですから、売値も50円上げて購入者に負担してもらおうとしますよね。その流れのことを「価格転嫁」と言います。

実際には、値上がりで購入者が減りすぎても困りますから、値上がり分の全額50円を売値にそのまま上乗せするケースは少なくて、その一部だけを上乗せすることが多いです。
そのため、売り手と買い手の痛み分けというか、<u>負担の分担が行われるような感じになることが多いん</u>ですけど。

うーん、ということは、原価に含まれている税金の少なくとも一部は、価格転嫁によって実質的には消費者が負担している、ということで合っていますかね。

私はそんな気がする、ということですね。政府の見解とは少し違いますけど。

<u>消費税はガソリン税や酒税、たばこ税などよりあとにつくられた税目なので、ほかの税の体制に影響を及ぼして、政府側の理屈がちょっと苦しくなっている</u>、というところは正直あると思います。

消費税の議論はとかく政治的にヒートアップしがちなので、なかなか冷静に議論することがむずかしいのですが、こういう課税対象の範囲についても冷静に広く議論して、長期的には整理していけるとよいと思っています。

は〜、ガソリンの価格1つとっても、いろいろな議論があるんですねぇ。
政治家の人に期待ってことですか？

少しでも期待できる政治家の人に、ちゃんと選挙で票を入れましょう。

最終的には選挙公報みたいな話になっちゃいましたが、税金って結局は政治、選挙で決まるので。

いろいろ勉強になりました。ありがとうございます。

ま　と　め

●ガソリンの売値の約半分が税金。税金を除いた元値で見れば、水のほうが高く売られていることも多い。
●ガソリンの税金に関しては、税金に再度、消費税がかかっている二重課税の問題もよく議論される。政府見解としては二重課税にはなっていないとしているが、実態としては消費者が大半を負担している。

一読すると ➡ 「走行距離税構想」を理解できるようになる！

走行距離税が導入されそうだ、という話を聞きました。また増税ですか？

質問者 吉國キザ桜

29歳　会社経営

SNSでバズって、急にお金持ちになった人

あわてて節税対策を考える必要が出てきた

関連動画再生回数
30万回

¥ ガソリンと税の"草"すぎてもはや"森"な話

ガソリン税での税収が少なくなるかもしれないので、「**走行距離税**」という新しい税が導入されるって話を聞きました。本当ですか？
車好きのユーチューバーが、増税だ！って怒っている動画を見ました。

そのYouTube動画、僕も見たかもしれません。（笑）
確かに、そういう話が出ているのは事実です。車が実際に走った距離に応じて、課税をしようという構想です。
今後は世の中から少しずつガソリン車が減っていき、電気や水素などを動力源とするエコカーにシフトする流れになっていますから、次の時代に合った税制をつくろうとしているんでしょうね。
ハイブリッドではないエコカーはガソリンを使いませんし。

私には、税金が取りにくくなったから、新しく取れるところを探しているだけに感じますけど……。

そう考える人も多いでしょう。
というのも、歴史的な経緯から考えても、そういう印象になってしまうのは仕方がないんです。

何か歴史があるんですね。どういう経緯があったんですか?

まず、前項で北島さんにも言いましたが、いわゆるガソリン税の根拠となっている法律の正式名称は「**揮発油税法**」と「**地方揮発油税法**」と言います。
これらの法律では、本来、<u>1リットルあたりで合わせて28.7円課税する</u>、と定められています。

ところが、現在の実際の税率は1リットルあたり53.8円で、ほぼ<u>2倍の税金を取られている状態</u>なんですね。
よかったら、もう一度、233ページの**図47**を確認しておいてください。

ウン? まったく意味がわからないですね。
なぜ、法律で決まっている本来の税率の2倍も取られているんですか?

順番に見ていきますね。次ページの**図48**にも主な経緯をまとめておきます。

まず、ガソリン関係の税金の制度は、戦前の制度から現行の制度へと1949年頃に移行しています。
その後、時代の移り変わりとともに段階的に税率が引き上げられていき、特に<u>1974年には、それまでの税率から一気に2倍になりました</u>。
この2倍なった部分が、いまだに残っている上乗せ部分の税率です。

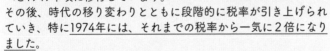

》》図48　ガソリン税経緯

1937年	戦前の法律
1949年	現行の法律
〃	段階的に税率アップ
1974年	道路整備五カ年計画　税率倍増 ← ※暫定税率
〃	35年以上（2008年まで）暫定税率が延長される
2008年4月	1ヶ月だけ本則税率に戻る（20円程度値下がり・ガソリン国会）
2008年5月	税率53.8円へ再増税（旧暫定税率の復活）租税法88条の8
2010年	トリガー条項設置（160円以上で暫定税率停止可能）　租特法89条
2011年4月	東日本大震災臨時特例法44条／トリガー条項の停止
2022年	インフレ対応の補助金（170円超で5円/ℓ）　※元売り業者に

なるほど。
なぜ、その年に一気に2倍になったんですか？

その頃の日本は、田中角栄首相の**日本列島改造論**がまさに花盛り
で、全国的にインフラ整備を進めていた時期だったんです。
しかし、1973年に**オイルショック**が発生し、原油価格が高騰、輸
入量も減少しました。
そこで、原油等の使用量の抑制と、同時に**道路整備五カ年計画**の
財源確保に対応するため、一時的、暫定的に約2倍の税率を課さ
れることになったんです。

へー。**高度経済成長**の時代ですかね。
まぁ、そこまでは当時の日本人が賛成していたんなら、問題ない
ですね。

そうですね。当時はまだ日本も全然インフラが整っていませんで
したから、道路をつくる必要性は確かにありました。理解できる
範囲の話です。

ただ、**その期間が過ぎても、なんだかんだと理由をつけては、2倍の税率が延長され続けたんです。**
結果として2020年代に入った今でも、この2倍相当の税金がかけられ続けている、という経緯があります。
2008年にはこの問題で国会が紛糾して、一瞬だけ2倍部分の税率がなくなったこともあったんですが、1ヶ月ですぐに復活した、なんてこともありました。

ふうむ。……それは、確かにちょっと納得しがたいですね。
もう、政府はとにかくガソリンに関する税率を低くする気はない、と感じます。

全国的にインフラを整備した高度経済成長期から半世紀以上が過ぎて、老朽化してきた道路なども増えています。そのため、それらをメンテナンスする財源が必要だ、という理屈もわからないではないです。
でも、それはそれで1からルールを整備したほうがよいのではないか、と個人的には感じています。

うーん、すぐには判断できませんが、本来の目的が達成されたのなら、時限的な税率はいったん終了させるのが筋だとは感じますね。
どうしても必要なら、そのあともう一度、ちゃんと法律を通すべきでしょう。

まぁでも、こうした経緯を知ったら腹が立つ人はたくさんいそうです。
そんな税体制なのに、次は走行距離に課税するという話になっているんですよね?
やっぱり、取れるところから取るといった感じですね。

この件に関しては、そう解釈されても仕方がないですね。
ただ過去の経緯に関しては、もう前世代の話ですから、今生きている政治家や官僚などを責めても何も始まりません。
将来に向けて、最適な税体制を整えることに尽力してほしい、と願っています。

先生、過去の経緯はともかく、結局のところ走行距離税は実現しそうなんですか？

歴史的経緯を横に置いて冷静に考えても、ちょっとむずかしいのではないか、実際に導入されるとしても、多くの課題が解決されてからなので少し先かな、というのが僕の印象です。

そもそも、走行距離をどうやって集計して申告してもらうのでしょうか？
外国車、中古車、事故や買い替えた場合などは特に、走行距離メーターの改ざん等のリスクが高まります。それを車両の所有者に自主申告させるのか？ 車検時に課税するのか？ その適正性を担保するため、調査は国税調査官がするのか？ 国税調査官は誰に対して、どのタイミングで調査をするのか？ など……。

こうした課題を1つずつクリアしていかないといけないので、実際に構想が具体化してくるのはもっと先の話かな、という気がしています。その頃には、ガソリン車の割合がぐっと減っている可能性もありますしね。

確かにそうですね。いろいろと事情が理解できました。
YouTubeの動画で、すぐにも増税かと不安になっていましたけど、少し安心できました。ありがとうございます。

ま　と　め

● 走行距離税については、率直なところ導入されるかどうかはまだわからないアイデア段階。課題も多そうなので、仮に導入されるとしても少し先の話になるはず。
● ガソリン税に関する歴史的な経緯を考えると、心情的に納得しづらい人が多いのは致し方なし。

収入印紙って、本当に面倒ですね……。 5万円未満の領収書でも、収入印紙を 貼らないといけないことがあると 聞きましたが、本当ですか？

質問者	古谷こう

35歳　夫：年収400万円　娘3歳
130万円以内に調整して
時計屋さんでパート勤務

関連動画再生回数
21.3万回

¥ 印紙税法はマニアックな税法

時計屋さんでパートをしています。
先日、店舗の研修で、**5万円以上の場合は領収書などに収入印紙を貼るのが原則**だと聞きましたが、5万円未満でも貼り付けないとダメな場合があるらしい、とも聞きました。
研修してくれた店長も詳しくはわかっていないみたいで、「この書類にはとりあえず貼ってくれたらよいから」とだけ教えてもらっている状況です。
少し詳しく教えてもらえませんか？

ついに来ましたか？
僕が最高に得意とし、いつ廃止になってもおかしくないと言われ続けている税目、**印紙税**が!?

国税時代、僕はすごく特殊な部門で特殊な訓練を受けていたので、印紙税法に関する税務調査は超得意だったんですよ？
実は、税理士の試験科目の中にも印紙税法は受験科目として設定されていないので、印紙税についての詳しい知識のある人って、税理士でさえ少ないんです。

そうだったんですね。当時から少数派だったんですね……。

ちょっと……！（怒）

あっ、すみません。口が勝手に。（笑）

（まったく否定できない……！）
……さて、そんなマニアックな印紙税ですが、決してバカにできなくて、収入印紙の単独調査の追徴税額を聞いたら驚くと思いますよ。

通常の所得税や法人税の調査の場合、所得額ベースで数千万円、追徴税額で数百万円になる事案は大型事案に分類されますけど、印紙税単独調査の場合、（追徴）税額ベースで数百万円の事案は珍しくありません。
また、数千万円の追徴税額案件なんかも、年間を通じて1件以上は発生しています。

ええっ!?
それは、そんな金額の脱税をしているところがたくさんあるってことですよね？

まぁ、そう言うこともできますね。
気づかずにしてしまっていた、という場合も多いんですが。

それって、私が勤めているような街の時計屋さんには、関係のない話ですよね？

いやいや、それが意外に関係あるんですよ。
印紙税って、売上とか儲けに対して課税されるものではなく、**文書に対して課税されるもの**なので、課税対象になる文書の数が多いと、そのお店の利益の額を超える印紙税が発生することすらあるんです。

文書の数が問題なので、会社の規模が大きければもちろん文書の数も多くなりがちですが、商売の仕組みによっては小さな会社でも結構、関係してきますね。

なんと、そうなんですか!?

では、順番に話していきますね。
金銭等の受領を証明するために、領収書を発行して、その記載金額が5万円以上だったら収入印紙が必要になる、というのは比較的メジャーな印紙税の話だと思います。
ただ、実はそれ以外にも、身近なもので収入印紙が必要な文書ってわりとあるんです。

¥ 請負契約の証明文書は「2号文書」として課税される

そうそう。研修で私が不思議だと思ったのが、「金額のない書類にも貼って」と言われたことなんです。

う〜ん……おそらくですが、時計の修理を引き受けたときに、お客さんに渡す伝票などではないですか?

当たりです!「時計修理承り票」って書いてあったと思います。

》》図49

2号文書で課税される！

なるほど。その文書は、印紙税法上の**2号文書**というものになって課税対象なので、収入印紙が最低でも200円は必要になる文書ですね（**図49**）。

2号文書？

印紙税法では、文書の種類ごとに区分が設定されているんです。たとえば、現金を確かにもらいましたよ、という証明として渡す「領収書」などは、17号文書という区分になっています。

2号文書は、**請負契約**の成立を証明する文章のうち、課税対象になるもののこと。
仕事の完成を約束して、その仕事の完成に対して報酬を支払うという契約内容を、両者で確認し合うための書類です。

そうなんだ。……実は、ウチのお店では実際の修理をするわけではないんですけど、それでも印紙を貼らないとダメなんですね。

窓口としてお客様から修理品を預かって、保証期間内なら無料でメーカーに流すだけで、手数料もないし、顧客サービスの一環でしかないのに……。

保証期間外でも電池交換ぐらいは対応しますけど、店内に高度な技術者がいるわけではないから、実態としてはメーカーさんへの取り次ぎだけなのにな。

そうですよね。
修理費が発生する保証期間外はともかく、保証期間内で無料サービスの利益にならない取引に、毎回200円の収入印紙を貼るの、イヤじゃないですか？

それは、会社としては削れるものなら削りたいコストですよ！

¥ 契約書の記載文言を変えるだけで節税になる!?

いいことを教えます。
標題が「時計修理承り票」となっている文書だと、「修理することを承りました」という意味に読み取れてしまうんです。
税務署的には「仕事の完成を約束し、その仕事の結果に対して報酬を支払うことを約束した文書」と判断されるんですね。
つまり、請負契約の成立を証明する文書で、2号文書として課税されます。

でも、店頭では修理ができるかどうかまではお約束はしていないんです。
メーカーに問い合わせてからじゃないと、修理できるかわかりません、というふうに言っています。

最近はそういうお店がほとんどでしょうね。だから、**記載している標題を変える**んです。

今、こうさんが言っていたように、実際には請負契約が成立していないのですから、「修理を承りました」ではなくて、単に「預かりました」という標題に変更すれば、2号文書にはなりません。
メーカーへ送るための修理品を一時的に預かったことを証明するために発行した「預かり証明書」になって、課税されないんです。
図50に示す通りです。

≫図50

時計お預り票

氏名 じてこ
住所 ○○○○○○○○
日付 ／ お渡し予定日 ／
品名
　　かっこいい腕時計

じてこ時計店

標題を変えるだけで
非課税に！

なるほど〜。先生、考えましたね。
もはや「とんちの一休さん」の世界じゃないですか!?
でも、そんなのズルくないですか？

全然、ズルではないですよ。
法律とビジネスの実態に則った工夫です。（笑）

もっと簡単に節税する方法もあります。
今ある「時計修理承り票」のメモ欄や欄外に、**「合計1万円未満の取引専用」**と記載しておくのです。この記載通りに運用すれば、それだけで原則、印紙不要になります（**図51**）。

2号文書は、1万円未満の取引では非課税となっているんです。
そのため、たとえ修理を引き受ける請負契約が成立したと判定されるような取引であっても、取引金額が1万円未満なら非課税扱いになります。
ただ、それを文書で明記していないとダメです。

≫図51

時計修理承り票

氏名 じてこ
住所 ○○○○○○○○
承り日 ／ 仕上日 ／
品名
　　かっこいい腕時計

修理箇所	金額
分解修理	

※ 合計金額1万円未満の
　　取引専用

じてこ時計店

ひと言加えるだけで
非課税に！

ということは、今使っている「時計修理承り票」に、「合計1万円未満の取引専用」というゴム印をつくって押していけば、印紙が原則非課税になるってことですか？

そうです。（笑）

うそっ――！
ダメ元で聞いたらいけた!! すごい!!

この方法なら、新しい帳票をつくらなくても済みますから、すぐに実践できますしね。
ゴム印を押していない帳票も少しは残しておいて、1万円以上の実際の請負契約の取引にはそちらを使えば、必要な印紙はぐっと減ると思います。

すごいすごい！ これ、店長に伝えていいですか？
私のパート先は全国に十数店舗あるので、全店では年間で数百万円を印紙に使っているはずだと店長が言っていました。
様式を少し変えたり、ゴム印を押したりするだけですもんね。かなり大きな節税になるはず。
え、私、臨時ボーナスがもらえるんじゃない？

僕が国税局で調査官をしていた時代にも、ちょっとした文書のフレーズの違いだけで、数百万円単位の追徴税額を払うことになった会社を多く見てきました。
ぜひ、店長さんにも伝えてあげて、臨時ボーナスをもぎ取ってください。（笑）

ま と め

● 2号文書は請負契約を証明する文書であるとして、収入印紙が必要になる。
● 無料修理であっても、「承る」などの文言があると課税対象とされる。印紙を貼るのを忘れていると、儲かっていないのに多額の追徴課税をされることもあるので要注意。恐い法律であるが、逆に言えば文言を少し変えるだけで大きな節税効果を期待できることもある。

えっと、税金ってなんか難しそう。少しはおもしろいエピソードありませんか？

質問者	川北あいす

21歳　大学生
塾講師でバイト中

関連動画再生回数
22.4万回

¥ 化石のような印紙税法

先生、税金の話ってどうしても難しそうで、苦手意識があります。おもしろいエピソードなどありませんか？　ぜひ教えてください。

そうですねぇ……たとえば、古い税法で全然変化していない税目などは、おもしろいと感じる人が多いんじゃないかな。私の得意な印紙税なんかは、勉強していたときも「なんで、こんなことになっているんだ？」とよく疑問を抱いたものです。

聞きたいです、聞きたいです。

印紙税に関しては、現金を受け取ったことの証明として渡す領収書やレシートに、5万円以上の取引の際は収入印紙を貼らないといけない、ということはすごく有名ですね。この領収書やレシートは、印紙税法では17号文書というものに分類されます。

でも、実はそれ以外にも印紙税法には1号から20号まで多くの種類の文書が定められていて、それぞれに決められた金額の収入印紙の貼り付けが必要になるんです。

へえー、実はかなりたくさんあるんですね。
私は、5万円以上の領収書のことすら知りませんでしたけど。(笑)

レジ係などを担当したことがないと、あまり関わらないことも多いですからね。

話を戻すと、その20種類の文書の中でも、2号文書という請負契約書の部分に非常に興味深い箇所があるんです。
前項でも触れたように、この2号文書には基本的に、請負契約の取引内容の証明をする文書が該当します。
しかし、プロ野球選手やプロレスラーの契約書など、請負と言うよりは委任契約や雇用契約の要素が混ざっているような契約の内容を証明する文書も、なぜかここに含まれているんです。

しかも、法律の専門用語で「限定列挙」と言いますが、該当する職業について細かく規定されています。この職業とこの職業は該当すると書いてあって、それ以外の職業は該当しない、としっかり決まっているんですね。
でも、なんでそうなっているのか、根拠はいまいちわかりません。(笑)

へ〜、そうなんですね。確かにちょっとおもしろそう。
早速ググってみますね。

えーと、**職業野球の選手、プロボクサー、プロレスラー、映画・演劇の俳優、音楽家**……この辺りのお話ですね。

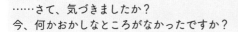

(デジタルネイティブ世代やなぁ)
そうです、その辺りの話です。**図52**にまとめておきますね。

……さて、気づきましたか?
今、何かおかしなところがなかったですか?

> **印紙税法施行令21条**
> ① 職業野球の選手
> ② プロボクサー
> ③ プロレスラー
> ④ 映画の俳優・演劇の俳優
> ⑤ 音楽家
> ⑥ 舞踊家
> ⑦ 映画または演劇の監督、演出家またはプロデューサー
> ⑧ テレビジョン放送の演技者、演出家またはプロデューサー

えっ?? 何かおかしなところなんてありました？

じゃあヒント。プロスポーツって、今挙げられたものだけですか？

あ、わかった!! プロサッカー選手がない！
えーと、あとはバスケットボールもないですね？ ほかの国内プロスポーツリーグって、何かあったかな？

まぁ、定義にもよるのですが、アイスホッケーやラグビーなどは比較的規模が大きいプロリーグと言われていますね。
相撲や卓球、テニスなどの個人競技もあります。

とにかく、世の中にはいろいろなプロスポーツがあるのに、プロ契約の契約書が印紙税法の対象になる職業が、ごく一部しか規定されていないんです。

なぜなんですか？

よくわかりません。（笑）

ええっ？ そんなことあるんですか？

まぁ、この印紙税法ができたのが1967年5月なので、おそらくはその時点では、日本には大規模なプロスポーツリーグと言えば野球くらいしかなく、興業的にはボクシングやプロレスが人気だったんでしょう。
それで、それらの職業は法律に規定されたけれど、その後に人気が出てきて、プロ選手が生活できるようになってきたスポーツについては、法に規定されていないんだと思います。
そして、法律の制定以降、この部分については偶然、法改正がされずにそのまま放置されている、という状況なんだと思います。

ちなみに相撲については、当時も人気だったはずなので、なぜここに入っていないのかよくわかりませんが……弟子入りには契約書がないのがふつうだからかもしれませんね。

ふーん、そうなんですねぇ。
でもこれ、まぁまぁすごい不公平じゃないですか？

契約書に印紙税がかかるところには120歩譲って納得するとしても、野球とサッカーで税金がかかるかどうかが違うなんて、差別ですよ。
合理的な理由がないじゃないですか？

あ、収入印紙の金額としては、どれくらいなんですか？

2号文書の税率、つまり貼らなければいけない収入印紙の金額は、契約金額次第なのですが**最大では60万円**になります。
なので、金額としてもかなり大きいですよね。
プロ野球の球団は、選手との契約のたびにそれなりの金額の収入印紙代を支払う必要があるのに、プロサッカーのクラブでは不要というわけですから、実際、不公平感はすごいです。

またググりました。
プロ野球選手って、登録者ベースでは平均1球団70名だそうです。
国内には12球団あるから、大体840名はいることになるのかな？
この人たち1人ひとりと、球団は契約するたびに収入印紙を貼っている、ということですよね？

毎年、すべての選手が契約更改するわけではないのですが、相当な人数ですよね。
せっかく人数を調べてくれたので、シミュレーションしてみましょう。

1契約書あたりの平均印紙税額を6万円と仮定した場合、国内全体としては840名×6万円で約5,000万円の税金が発生することになりますね。
ちなみに、こういう契約ではふつう契約書を2通作成するので、×2でおよそ1億円になります。

1億円！　1枚200円のイメージしかない収入印紙が、ここまで影響力があるとは……。

続けて検索します！
サッカー選手となると人数が増えて、J3まで含めると国内だけで2,000人を超えるみたいです。

では、同じ要領で1契約書あたりの印紙税額を同じ6万円と仮定した場合、2,000人×6万円で1億2千万円の負担が発生。こちらも契約書を2通作成するとすれば、×2で2億4千万円となります。
でも、**プロサッカーでは契約書が課税対象ではないので、実際には1円も発生していません。**

やば——い!! これって、スクープレベルの話じゃないですか？

確かに、金額にするとすごい差ですね。
リーグ全体としては、スポーツの種類が違うだけでおよそ1億円も負担しなければならない税額に差が出てきます。

早く法律を変えたほうがいいんじゃないですか？

そうですね。まぁ、あんまりそういう動きはないんですが。
そもそも、今後は紙での契約はなく**電子契約にすれば、電子契約書には印紙税は原則として課税されない**ので、印紙税法自体が歴史的な役割を終えた、と考えたほうがいいのかもしれません。
プロ野球の球団なども、実際には契約書の電子化で印紙税の節税を図っているのではないかと思います。

そうなんですね。こういうふうに時代に取り残された法律や税金って、結構あるんですか？

マニアックなものを探せば、かなりたくさんあると思います。

そう考えると、意外におもしろそうです。少しはとっつきやすくなりました。
ありがとうございます！

ま　と　め

- 印紙税法の2号文書（請負に関する契約書）で、課税すべき職業としてプロ野球選手等が限定列挙されているが、なぜかプロサッカー選手などは課税対象とされていない。
- その理由は、おそらくは法律がつくられたときにはプロリーグがなかったから。
- 契約書の電子化で、印紙税の節税ができる。

·05

近く仕事を辞めるつもりなんですけど、 何月に辞めるのがオトクですか？

質問者	渡邊パンちゃお

27歳女性　独身
IT系の中小企業勤務　年収420万円

関連動画再生回数
21.3万回

¥ 会社を辞める月は、いつがよいのか？

仕事をすごく辞めたい!! 今すぐにでも辞めたい！
上司のパワハラで悩みまくっているんです。

そこで聞きたいのが、会社を辞めるのはいつがよいのか？ です。
「オトクな辞め時」があるって、以前にネット情報を見かけたことがあるんですが、詳細を忘れてしまいましたっ！

（うん？ この人は確か、パワハラ企業に勤めていたいた人では？）
あれ、え〜と、パンちゃおさんって、前にもご相談いただきましたよね？
確か、会社でパワハラっぽいことを言われていたけど、全然気にされていなかったような……。

あはは。（苦笑）　そのあと、これはパワハラ・モラハラではって遅まきながら気づきまして……。
一度気づくと、もうダメですね。

そうなんですね。
でも、パワハラかぁ〜。めちゃくちゃ、共感します……実は僕も、以前にいろいろ体験しましたから……。
いずれにせよ、パンちゃおさんにとってよい形での転職ができるといいですね。

ありがとうございます。

で、辞めるタイミングについては、極論、パンちゃおさんが<u>辞め</u>
<u>たいと思ったタイミング</u>でいいと思いますよ。
パワハラは当事者だけの問題ではなく、組織の問題なので、**変な**
遠慮はせずにまずは自分を守ることを優先してくださいね。

その上で、経済的に少しでもオトクに辞めようと思うのなら、いく
つかのポイントに注意しておくといいでしょう。

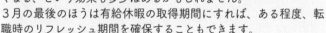 （¥）新年度から新しい会社で働けるようにするのが王道

まずは**新年度が始まるタイミングに合わせて、3月に退職する**
というのが王道でしょうね。
ある程度、前職に在職中から転職活動を進めておいて、4月の新
年度から転職先で勤務する形にできれば、<u>切れ目のないキャリア</u>
<u>形成</u>ができますからね。

<u>単純に生活費の面でも安心</u>ですし、新しい職場の側でもタイミン
グ的に<u>人員配置などを考慮しやすい</u>ので、喜ばれて採用されやす
くなる、という効果も多少はあるかもしれません。
3月の最後のほうは有給休暇の取得期間にすれば、ある程度、転
職時のリフレッシュ期間を確保することもできます。

1日も切れ目なく転職することで、<u>社会保険料を全額自己負担し</u>
<u>なくてはならない期間がなくなる</u>、というメリットもありますね。

まぁ、年度末に合わせるといいのは、それはそうでしょうね。
もっとお金に直結する面では、何か注意すべきポイントはありま
すか？

ボーナスのことを考えれば、6月や12月に辞める、という考え方もいいでしょう。 これは、今パンちゃおさんがお勤めの会社のボーナス月がいつなのかによっても変わるのですが、一般的な夏と冬の2回の支給であれば、6月や12月が支給月となることが多いので、そのボーナスを受け取ったらさっさと辞める、という選択です。

少なくともボーナスをもらう直前に辞めるのはかなりもったいないですから、パワハラなどでそれまで待つことがとてもできない、という状況でなければ、支給月が近づいているのであればそれを待つ、という作戦はあってしかるべきでしょう。

あー、確かにボーナスが1回もらえるか、もらえないかで、懐具合はだいぶ変わりますね。

ボーナスには「給与の後払い」という性格もあるんですけど、支給時点で会社に在籍していなければふつうはもらえないので、働いた分は全部きっちりもらう意味でも、会社を辞める際には意識しなければならないポイントです。

ちなみに、僕の前職もボーナスが6月支給だったので、僕も6月末で辞めています。
かつ、7月になると定期異動が発令されるルールだったので、その時期をまたがないためにも6月末で辞めるように調整しました。

ふむふむ。先生もボーナスに合わせて退職した、と。
いいですね、こういうの。こういうお金に直結するアドバイスがほしかったんです。

💴 年の早い時期に退職すると、住民税がたくさん一括徴収される

（……お金への執着、強めやな・笑）
ほかに、**退職月によってその後の住民税の納付方法が変わります**から、その点にも気をつけておくべきでしょうね。
住民税は、前年の所得から計算された額を、翌年の6月から翌々年5月にかけて、1年間かけて支払っていく後払い方式を採用しています。
そのため、従業員が会社を辞めるときには、まだ払っていない分の住民税をどう支払うか、その方法を決めなければならず、それが退職の月によって決まるルールになっているのです。

具体的には、**1月1日～4月30日**の間に退職した場合には、退職月から5月までの未納付分を一括で最後の月の給料から天引きされます。
給料だけで足りない場合には、退職金からも控除されます。

<u>5月</u>退職の場合には、これはいつも通りに最後の給料から1ヶ月分の住民税が天引き納付されます。

そして、**6月1日～12月31日**の間に退職した場合には、納付方法を3つの選択肢から選べます。
退職月から翌年5月までの未納付分をまとめて給料や退職金から天引きしてもらう「**一括徴収**」か、退職月は天引き納付され、翌月以降分については普通徴収に切り替えて自分で納付する「**普通徴収への切り替え**」、あるいは転職先が決まっている場合には転職先で引き続き天引きしてもらう「**特別徴収の継続**」、この3つの選択肢です。
図53にもまとめておきます。

≫ 図53　退職時の住民税の納税方法

退職月	住民税
1月～4月	退職月から5月までの住民税を一括徴収
5月	1ヶ月分の住民税を天引き納付
6月～12月	① 残額をまとめて支払う（一括徴収） ② 従業員自ら納付する（普通徴収への切り替え） ③ 転職先で控除してもらう（特別徴収の継続）

う、ううん？
ちょっと、一度説明されただけではイマイチよくわかりませんが、え〜と……たとえば1月とか2月に退職すると、住民税の天引きが何ヶ月分かまとめてされる、という理解でいいですか？

そうです。
住民税は前年の所得に応じて課税されるので、いずれ支払うものであるとはいえ、1〜4月中の退職を選択した場合には一括納税のことを意識しておくことが必要です。
給料や退職金から天引きされますから、最後の月の給料は生活費としてあまりアテにしないほうがいいでしょう。
月収が低かったり、退職金がなかったりして天引きし切れないときには、自ら納税する必要も出てくるでしょう。

なるほど。確かに住民税は前年の所得に応じた税額ですから、退職時にはその納税資金を準備しておかないと大変、ってことですね。

💴 退職日が1日違うだけで、最後の月の手取りが大違い

さらに、これはどの月か、ではなく何日に辞めるべきかに関する話ですが、**社会保険料の節約の観点からは、月末の31日ピッタリに辞めないようにすることも意識すべき**かもしれません。
31日に辞めるか、1日前の30日で辞めるかによって、最後の月の給料から社会保険料がどれだけ控除されるかが変わるからです。

そうなんですか？ 同じ月に辞めるのに？

社会保険の資格喪失の日は、「退職日」ではなく「退職日の翌日」とされているんです。
月の「末日」に退職した場合は、翌月1日が資格喪失日となりますので、退職した月分までの保険料を納める必要があります。（保険料は、資格喪失日が属する月の前月分まで納める必要があります。）
なので、給与計算の締切日によっては、月末1日前の30日までに辞めれば、前月分の保険料だけの支払いで終わるのですが、月末の31日に辞めた場合は、前月分と退職月の2ヶ月分の保険料を支払うこととなります。実態としては、退職月の給与から天引きされるので手取りが減ります。

げげっ！

なので、**最後の月の手取りを減少させたくない場合には、月末日の1日前までに退職するように調整する**といいでしょう。
あ、ひと月が31日ない月の場合は、30日にこだわらず、月末日の1日前までに合わせてくださいね。2月ならば27日まで、4月なら29日までです。

とりあえず、**月末日の1日前までには退職したほうがオトク**と。覚えました。

とはいえ、これは最後の給料から社会保険料が引かれずに済むので、短期的にはオトク感があるんですけど、辞めたあとに無職期間がある場合には任意継続をするか、国民健康保険を払わないとダメなので、扶養家族の状況などによってはむしろ月末まで粘ったほうがオトクになることもあります。
事前に総務の方とも相談できるようであれば、どうするのがオトクかシミュレーションしておくといいでしょう。

¥ 可能ならば上司や総務に相談してよりオトクなタイミングを探そう

なるほどです。いろいろな観点がありますね〜。
どうしようっかな〜？

あとは、**転職する場合は求人が多く出るタイミングを狙うとか、業界の繁忙期を避けるとか、有給休暇の消化をどうするかなどの観点からも検討が必要**ですね。

考えることが多すぎて決断できない場合には、早めに上司に退職の希望を伝えて、率直に相談するのがいいでしょうね。

僕が前職を辞めたときには、上司が辞めるタイミングについても相談に乗ってくれ、後任への引き継ぎがスムーズにできる体制をつくってくれました。
退職までの期間を、次の新しい生活への準備期間として有益にすごせるといいですね。

うん。まぁそれが理想なんですけど、パワハラ上司ですから。（苦笑）

あ、そうでした。僕もパワハラは受けたことがあるので、多少は苦労がわかるつもりです。
社内外のいろいろなサポート制度も活用するようにしてください。

いろいろ考えて、辞める時期を決めるようにしますね。相談できてよかったです。ありがとうございました！

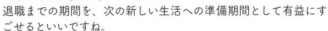

まとめ

● 人事異動期等のタイミング、ボーナス支給月、未払い住民税の支払い方法の決定月、転職の求人集中月、業界の閑散期、有給休暇の残日数などを総合的に考慮して、自分にとって一番都合のよい月に退職する。
● 退職日を月の最終日にすると、退職月の給料から天引きされる社会保険料が倍になる。短期的に手取りを減らしたくないなら、退職日の1日前までに退職する。ただし、扶養家族の状況などによっては、月末日に退職したほうが有利になることもある。

一読すると ➡ 消費税に関する議論を理解できる！

消費税って何のために あるんですか？

質問者 **大臣は角谷**

パート主婦　35歳

夫は会社員　子：5歳幼稚園

近くの飲食店で働いている

¥ 消費税を導入せざるを得なかった理由とは

先生、いきなりですけど、消費税って何のためにあるんですか？

（同意！ ほんま不要！ 税理士泣かせ！ 税理士職業賠償事故事例の50％以上は消費税が原因なんやで！）
……そうですね。これは、なぜ消費税が導入されたかの経緯を知るとわかりやすいと思います。

解説、よろしくお願いいたします。

消費税が導入される前は、日本では所得税のように稼いだ額に比例して支払うタイプの税金が中心でした。
このように、稼ぐ力に応じて税を負担してもらう考え方を「**応能負担**」と言います。

しかし、日本ではどんどん高齢化が進みます。定年して、稼ぐことよりも消費することに軸足を移していく高齢者から、稼ぎに関係なく税金を取れるようにしなければ、社会が回らなくなってきました。

受けた利益に応じて負担をしてもらう考え方を、応能負担に対して「応益負担」と言います。高齢者は、現役世代よりも多くの社会保障を社会から受け取っていますから、「応益負担」の考え方も税体制の中に取り入れようということになり、消費税が導入された、という背景があります。

なるほど。そういう背景があるんですねぇ。
消費税が導入された大きな理由の1つは、高齢化社会への対応だったと。

そうですね。また、あまり知られてはいないんですけど、消費税の導入前から、すでに消費税っぽい税金はあったんです。

え、そうなんですか？　意外。

物品税という税です。
物品税が課税対象としていたのは、いわゆる「高級品」や「ぜいたく品」の購入です。
何が高級品やぜいたく品とされるかは時代によって移り変わり、たとえばテレビや扇風機、万年筆などが高級品・ぜいたく品とされた時代もあったんですよ。

時代ですねぇ。

そして、物品税では生活必需品の購入は課税の対象外とされていました。

なんだか、今の消費税でテイクアウトの場合は税率が8％で安くて、同じ商品でも店内で飲食したら税率が10％に高くなるのと、少し似ていますね。

確かに。テイクアウトは生活必需品として、8％の軽減税率の対象になっていますし。

何が生活必需品なのかって、よく議論の対象になりますね。新聞がなぜ軽減税率の対象なのか、という議論もありました。
これも時代なんですかね。

¥ 物品税は課税すべき高級品をピックアップしていたので大変だった

そんな話もありましたね。

いったん話を戻すと、物品税のときには高級品・ぜいたく品の購入に税金をかけていたので、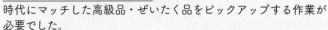課税対象になる高級品・ぜいたく品のリストをつくる必要があったんです。
時代にマッチした高級品・ぜいたく品をピックアップする作業が必要でした。
テレビは大量生産が可能になり、誰もが買えるようになったのでリストから削除しますね、というような作業です。

それだと、時代が進むとともに高級品やぜいたく品は減る一方だったんじゃないですか？
物品税では税収の確保が難しくなったから、政府が新しい方法で税収の確保を考えたってことですか？

税収確保の側面はもちろんあったでしょうね。
ただ、それだけではなくて、モノの種類がどんどん増えていた時代なので、1つひとつの物品を定義して、そこから高級品やぜいたく品を選んで決めていく作業自体に手間がかかりすぎて、とても実行不可能になった、という事情もあったようです。

たとえば、音楽を聴くレコードがぜいたく品として課税されていたことがあったんですが、同じレコードでも童謡を収録したレコードに関しては、大衆的なものだということで、非課税になっていた時期があります。
そのときに、「およげたいやきくん」が大ヒットして、これを歌謡曲として課税対象にするか、童謡として非課税にするかということで、国税局の内部でも見解が分かれた、なんてエピソードが残っていますね。

そうなんですか？ ちょっとおもしろそうな話です。

結果としては、「およげたいやきくん」は童謡扱いで非課税になったのですが、こんな議論を毎回していたら、その議論に使う時間や人件費こそが税金の無駄使いになりますよね。
そこで、いちいち細かく課税対象の品目を決めなくてもよい消費税が導入された、というのが、消費税導入のもう1つの背景になっています。

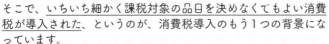

￥ 今後も税体制は時代の変化に合わせて変わっていく

へぇ〜。悪者扱いされやすい消費税ですけど、導入されるのにはそれなりの理由もあった、ということですね。

はい。
ただ、税制は物品税の対象品目のように時代にマッチするように常に変化していくものなので、今後新しいテクノロジーを活用することでより効率的な税制が構築できれば、なくなる税だってあるかもしれませんよ？

税理士さんだって不要になるかもしれませんね？（笑）

本当ですね。（笑）
たとえば、専門的には「**賦課決定方式**」と言いますが、各国民の所得を国が完全に把握して、確定申告も不要でその年のそれぞれの人の税額を国がバチッと決定して通達する仕組みになれば、税理士は不要になるでしょう。
とってもディストピア的ですけど。

マイナンバーと最新テクノロジーの力があれば、技術的には不可能ではなさそう？
中国なんかは、そんな方向性に突っ走っているようにも見えます。

さて、どうなるんでしょうねぇ。
さすがに、そこまでのことは何十年か先の未来だと思いますので、私にもよくわかりません。

……消費税が導入された背景をいくつかお話ししましたが、最初の質問にお答えすると、稼ぐ現役世代が少なくなり高齢者が増えることが予想されたために、稼ぐ力に左右されず広く一般から徴収できる税金の主軸として、消費税が導入された、という答えになります。

だから、消費税が仮になくなったら、もしかすると現役世代が余計にしんどくなるのかもしれません。

なるほど。よくわかりました。すごくわかりやすかったです。
ありがとうございます。

ま と め

●消費税は、主に高齢化が進んでも税収を確保する、という目的のために導入された。
●それまでの物品税では課税対象の品目を決めるのが大変だったので、細かくルールを決めなくてすむように、消費全般に広く課税される方法が選ばれた。

昨年、誰が一番儲かったか、税務署が発表していた過去があるって本当ですか!?

質問者 人間不信の尾原
26歳　昨年、デザイン会社から独立しフリーランスになった
年商（売上）200万円

関連動画再生回数
5.5万回

¥ 昔は高額納税者を国が公表していた

先生、昔、「**長者番付**」という個人情報保護はどうなっているの？ な制度があったと聞いたんですけど、本当ですか？

そうそう、ありましたね。（笑）
正式名称は「**高額納税者公示制度**」と言って、確定申告後に税務署が掲示していました。それをニュースや新聞でも取り上げていたんです。

僕も国税職員の新人時代、税務署の掲示板に貼ったことがありますよ。
一般的には「**高額納税者番付**」とも呼ばれていました。
特に、芸能人や著名人のランキング入りは、メディアの格好のトピックになっていましたねぇ。

エグっ！ 今同じことをやったら、暴露系のユーチューバーみたいに非難轟々になりそうですね。

今は、当時と比べると個人情報保護の意識が高まっているので、とてもできませんね。

¥ 脱税に対する牽制効果が期待されていた

長者番付の内容は、その年にたくさん儲けて、税金をたくさん納めた人のランキングですよね?
これは、国がどういう目的でわざわざ公開していたんですか?

あの人はもっと儲かっているはずやで〜とか、Aさんがランキングに入っているのに、それ以上に儲かっていそうなBさんが入っていないのはおかしい、といった感じで、第三者によるチェック機能で脱税への牽制効果を狙っていた、という側面はあったようですね。

やっぱりエグいです。それは国側の都合ですよね?

加えて、もう1つの側面として、税金をたくさん払ってもらって、どうもありがとうございましたと顕彰する意味もあったらしいですよ。

ネットで調べると、「顕彰」の意味は、功績などを一般に知らせること、か。
なるほどね。
まぁそこまで稼ぐ人なら、国からの顕彰なんて別にいらない気もしますけど、名誉みたいな感じなんですかね?

制度の開始当初は、たくさん納税するのは社会貢献で名誉なことだ、という意識が有力者の側にもあったみたいですね。

でも、それ以上にリスクのほうが高くないですか？

僕もそう思いますが、昔は日本の社会自体がより素朴というか、牧歌的だったんでしょうね。
なんと、長者番付にランク入りした人の名前や住所がまとめられた名簿まで売っていたらしいです。

もはやカオス！ 今だったら泥棒や誘拐などの犯罪を誘発しそうです。
というか、当時でも泥棒や誘拐の危険性を上げていたんじゃないですか？
掲載されたくないから、逆に隠して脱税する、なんて人が出てきてもおかしくない気がします。

おっしゃる通りで、<u>長者番付に入って公示されるのを回避しよう</u>とする人が次第に増えてきました。
たとえば、確定申告期限内には少ない所得を記載した申告書を提出しておいて、公示対象となる期間が過ぎてから、修正申告をして適正な申告に仕上げるといった方法で、公示を回避する納税者が出現するようになりました。

同時に、時代の変化で納税者の意識も変わり、<u>顕彰の意味が薄れて脱税の牽制効果も限定的なものになりました。犯罪誘発リスクも意識されるようになった</u>ので、**ついに2006年に廃止**された、という経緯です。

そりゃ、そうですよね。
でも2000年代に入ってもまだやっていた、という事実にちょっと驚きです。

意外に、昔はそれが当たり前だったので違和感を感じていなかったですよ。

ちょっと時代をさかのぼるだけでも、人々の意識や習慣って全然変わるので、あとから振り返ると「なんで、あんなことしていたんだろう?」と思ったりすることはよくあります。
でも、そのときには別に何もおかしいと感じていませんでしたからね。

たとえば僕が社会人になった頃までは、タバコを吸う人は今よりずっと多くて、会社の自分の席や電車の駅、車輌の中、学校の職員室、飛行機の中など、今では信じられないような場所でみんながスパスパとタバコを吸っていました。
急激にタバコが悪者になっていったのって、この20年くらいの話ですからね。

会社の自分の席で喫煙は、私には信じられませんけど……時代によって「当たり前」は変わっていく、ということなんですね。
非常に興味深いお話、どうもありがとうございました。

まとめ

●国が高額納税者を公表していた時期があった。脱税させないための監視機能や高額納税者の顕彰などを意図した制度であった。
●制度が形骸化し、犯罪誘発リスクや個人情報の保護が意識されるようになったことから、2006年に廃止された。

メルカリで服を売っても
税金を払う必要がないって本当ですか？
必要と言う人もいるけど、どっちが本当？

質問者	川北あいす

21歳　大学生
塾講師でバイト中

関連動画再生回数
62万回

¥ フリマアプリ等による所得は原則、所得税の課税対象

先生、私は今年、アルバイトで年間100万円くらい稼いでます。
バイト先で年末調整もしています。
それで、メルカリで不要な服なんかを売るのが好きなんですけど、
先日集計したら、**年間の利益が20万円を超えていました。**

メルカリで服を売って儲けても、そこには税金が発生しないとい
う認識だったのですが、ネットで少し調べたら副業で年間20万円
以上稼いだ場合は、確定申告が必要であると書いてありました。

私の場合、どうなるんですか？

結論から先にお伝えすると、あいすさんの場合は<u>確定申告不要で</u>
すね。

よかった！ サイトによって確定申告の要・不要について書いてあ
ることが違うので、不安だったんです。

なるほど。人によって言うことが変わる理由は、売っているもの
や売り方によっては、課税対象となって確定申告が必要になるこ
ともあるからでしょうね。
実は、**原則は課税**なんですよ。

生活用動産の売却は非課税で OK

えっ！ そうなんですか？

たとえ個人間の売買であったとしても、年間で所得が20万円を超
えれば、原則としては所得税の雑所得として確定申告が必要なん
です。

では、私の場合はなぜ課税されないんですか？

服とか家具とか、**生活用動産の売却に関しては非課税でいい**と
いう規定があるからです。
ただし、**1点で30万円以上の貴金属や美術品などの売買は課税
対象になります。**

……ということは、服や家具なら転売ビジネスでも税金がかから
ない、ってことになりません？
はっ！ 私、大きなビジネスチャンスを見つけたかも？

着眼点はめちゃくちゃいいですね。
でも残念。服や家具などの生活用動産であったとしても、商品と
して反復・継続的に売買している場合には「**営利性**」があると判
断されるので、課税対象となって申告が必要になるでしょうね。

ありゃ、無税で荒稼ぎは無理か。（笑）
状況によっては、課税取引になる場合もあるということですね。

あ、それでいろいろなサイトで書いてあることが違うのかな？

そうでしょうね。
原則は課税対象なのですが、メルカリなどのフリマアプリでの不
用品売買は例外的に非課税になる取引に該当しているんです。
法律上の例外。でも、**実態としてはそっちの例外取引のほうが
多い**というケースです。

なるほどなるほど。うん、少し整理ができました。

¥ 課税対象かどうかと、確定申告が必要かどうかは別問題

あと、もう1つ肝心なポイントとして、フリマアプリからの所得が
課税対象かどうかという観点と、確定申告が必要かどうかの観点
は違うので、そこは誤解しないようにしてください。

どういうことですか？

その人が給与所得者なのか？
年末調整が済んでいるのか？
もしくは、フリーランスを含む自営業者なのか？
こうしたその人の状況によっても、確定申告が必要かどうかは変
わってきますから、気をつける必要があるんです。

ということは、別の人では確定申告が必要になる場合もあると？

そうです。そもそも、<u>副業の所得が年間20万円以下の場合には確定申告が不要という話も、年末調整が済んでいる給与所得者に限定した話なんです。</u>

そうなんだ。

はい。**フリーランスや自営業者の方、あるいは給与所得者でも年末調整をしていない人などは、20万円以下の雑所得でも原則、確定申告が必要**です。
特にたくさん売買して、たくさん稼いでいるような人は、<u>フリマアプリであっても税務調査が入っている事例がたくさんありますから、忘れずに確定申告するようにしましょう。</u>

課税になるか非課税になるかの基準は、給与所得者でも自営業者でも変わらないのですが……。

わかりました。ありがとうございます!

ま **と** **め**

● フリマアプリ等での販売で得た所得については原則課税だが、一般的な服や家具などを売っている程度であれば、非課税でOK。

● ただし、1点30万円以上のものを売ったり、反復継続的な販売で営利性が認められる場合などについては、課税取引となる場合がある。

● 確定申告が必要かどうかは、その人が給与所得者かフリーランスを含む自営業かによっても変わる。副業20万円以下は確定申告不要のルールは、年末調整済みの給与取得者に限定した話。

将来、年金っていくらもらえるんでしょう？ 僕らの世代は、大してもらえないんだろう とあきらめてはいますが……。

質問者 中橋ゆたか君

高校3年生　18歳
お父さんの会社を継ぐ予定
結構、豊かな家庭で育っている
勉強は得意なほう

関連動画再生回数
122万回

¥ 将来、年金いくらもらえるのか？

先生、こんにちは。社会保険料について質問させてください。

社会保険のうち、健康保険は病院に行ったりするし払わざる得ないことが納得できるんですが、年金については将来どれだけもらえるかわからないし、そもそも早く死んでしまったら、全然もらえないんですよね？
あんまり意味がない気がして、正直払いたくないと感じています。

少子高齢化で僕たち若い世代は不利だって話もよく聞きますし……。
年をとってから、支払った年金の保険料がどれくらい戻ってくるのかを知りたいです。

ゆたかくんの気持ちもわかります。
将来、年金制度自体がどう変わっていくのか、自分が何歳まで生きられるのか、不確定要素が多いですから、不安になりますよね。

とりあえず先に質問への回答を伝えると、現状の制度が続いて、85歳まで生きると仮定した場合、国民年金であれば800万円くらい保険料を支払って、1,560万円くらいは年金としてもらえるイメージですね。

意外。結構もらえるんですね。
払った保険料の２倍くらいはもらえるってことですよね？

その通り。年金には税金の補助も入っているので、単純に金額だけで考えても悪くない取引ですよ。
これは「**基礎年金**」とも呼ばれる**国民年金**だけで計算しているので、サラリーマンの人だともっと払うし、その分もっとたくさんもらえる、と考えてください。

なるほど。**年金の「１階部分」**と言われるところですか？

よく知っていますね。その通りです。

計算の内訳をもう少し詳しく教えると、まず国民年金での月額保険料が、2023年４月時点で16,520円。
これを20歳から60歳までの480ヶ月間、ちゃんと払い続けたと仮定すると、16,520円×480ヶ月＝7,929,600円で、おおよそ800万円となります。
ここまで、大丈夫？

はい。一生で払う掛け金の合計額が、約800万円ということですね？

その通りです。
続いて実際にもらう金額については、65歳から老齢基礎年金の満額をもらえた場合、月額65,141円ぐらいもらえることになります。
年額にすると約78万円。

月額6万5千円!?
85歳までにもらえる1,560万円のことですよね?
その程度なんですか? これだけだと、毎月はとても生活できないですよね?

総額では大きくても、月額にしたらめちゃくちゃ安く感じますよね。(笑)
サラリーマンの場合は**厚生年金**の上乗せ部分、いわゆる**2階部分**がありますが、自営業者などはこれだけなので、自分で任意の年金保険やiDeCoに加入して将来に備えている人も多いですね。

なるほど〜。……なかなか甘くないんですね。

続けます。
この月額6万5千円、年額約78万円を、65歳から85歳までの20年間もらうと仮定した場合、78万円×20年＝1,560万円で、1,560万円もらえる計算になるわけです。

ふむふむ。もともと支払った額が800万円で、85歳まで生きれば大体倍の1,560万円もらえるということか。

そういうこと。
75歳ぐらいまで生きれば、少なくとも元（800万円）は取れますね。

男性の平均寿命が本書執筆時点で大体81.5歳、女性で87.5歳なので、大半の人は支払った額よりは大きな額を手にできるでしょう。

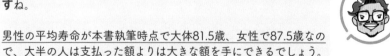

意外とコスパはよいですね。

¥ 厚生年金なら、会社も保険料を負担してくれる

そうですね。
さらに、サラリーマンの場合には厚生年金として2階部分があるし、**会社が厚生年金の掛け金の半額を負担してくれるので、もらえる金額は倍以上になりますよ。**

具体的には、平均報酬月額を40万円に設定して、65〜85歳までの20年間、年金をもらえた場合、トータルで約4,000万円、月額では16万円がもらえる計算になります。
図54も確認しておいてください。

》図54　年金がもらえる額

	自営業（国民年金）	会社員（厚生年金）
月額	6.5万円	16万円
年額	78万円	200万円
65〜85歳（20年間）	1,560万円	4,000万円
支払ったトータル	800万円	1,800万円

※（月額報酬40万円）で概算

1階の国民年金だけだと1,560万円だけど、2階の厚生年金もあれば約4,000万円……結構、違いますね。

ただしその分、厚生年金では毎月の負担額も多くなっています。

まぁ、どちらにしてもコスパのいい支出とは言えますから、それがわかれば少しは気持ちよく払えるのではないでしょうか。
そもそも、年金保険料の支払いは法律で決められている義務ですから、払わないのは違法ですしね。
若いうちは老後のことなんてピンとこないだろうけど、きちんと払っていかないと、人生の終盤で結構苦労しますよ。

なるほどです。承知しました。

¥ 払えないときは免除申請！

あ、それと、もし払えない状況があるのなら、**免除申請**の手続き
も面倒がらずにしておいたほうがよいですよ。少なくとも、何も
せずに掛け金を払えないまま放置するのは避けましょう。

特に大学生で20歳になってから就職するまでの間や、転職に伴い
無職の期間ができたときなどには、生活も苦しくて国民年金の掛
け金を払うのがむずかしいことはよくあります。
僕も、独立後すぐは本当に厳しかったので、免除申請をしていま
した。

免除申請をしていれば、本来は保険料未納付の期間はまるっと受
け取る年金の計算から除かれますが、2分の1は年金の計算に加
えてもらえます。
未納付期間中に障害年金や遺族年金が発生してしまった場合にも、
きちんとそれぞれの年金を受け取ることができます。
免除された分は将来の年金額が減ってしまいますが、**追納**できる
期間も設定されています。

参考になりました。
20歳になったら、気持ちよく払うことにします！

ま と め

- きちんと保険料を支払って85歳まで生きた場合、国民年金では800万円
  ほど支払って、倍近い1,560万円程度を年金として受け取れる。コスパは
  よい。
- サラリーマンの場合は厚生年金に加入する。会社が保険料の半分を負担
  してくれるので、さらにコスパよく年金を受け取れる。ただし、毎月の保
  険料も高くなる。
- 生活が苦しくて年金の保険料を支払えない場合は、きちんと免除申請を
  すれば、デメリットを最小限にできる。

え、嘘？
競馬で勝ったお金って税金かかるの？

質問者	白石こころがまえ
	22歳男性　社会人1年目
	年収300万円　元バイトリーダー

関連動画再生回数
10万回

¥ 競馬での払戻金は一時所得。50万円までは申告不要

じてこ先生、先日、知人と競馬に行ってちょっと勝ったのですが、**競馬の払戻金**には税金がかかりますか？

いくらぐらい勝ちました？ **儲けが50万円を超えた場合には、原則として申告が必要**になります。

50万円!! そんなには勝ってないです。（笑）
今回は勝ったと言っても10万円ちょいです。
50万円までだったら、申告不要という理解でいいですか？

その理解でOKです。
競馬の払戻金は所得税の一時所得に該当し、50万円の基礎控除があるので、50万円までは税金が発生しないと考えてください。

よかった〜。

ふるさと納税の返礼品も関係する？

ただ、このとき気をつけないとダメなのが、競馬以外に一時所得に該当する収入がないかどうかです。

と言うと？ 具体的にはどんなもののことですか？

同様の払戻金はもちろん、懸賞金や賞金、保険の満期返戻金、さらにはふるさと納税の返礼品の評価額なんかも、一時所得になるんです。
そのため、これらによる収益が単独では50万円未満であっても、合計したら年間50万円を超える場合は、確定申告が必要になります。

ふるさと納税の返礼品もですか!? 初めて聞きました。返礼品って、いくらで申告すればいいんですか？

返礼品は、寄付した額の30％で評価されます。

それは、まったく意識していないところでした。
……でも、そんなの、本当にバレるんですか？

バレるかバレないかは、わからないとしか言いようがないですね。ただ、実際にふるさと納税の評価額を含めて申告している人を、僕は見たことはないです。知り合いなどから聞いたこともないので、その辺りの状況から、ご自分でご判断ください。（笑）

¥ ビジネスとして買っている場合には経費参入できる可能性も!?

雑談程度の話ですが、競馬の払戻金に関しては、営利目的で反復・継続して機械的に馬券の購入を繰り返している場合、当たり馬券の配当が一時所得ではなく雑所得となり、当たり馬券の配当を得るために投下した必要経費として、ハズレ馬券の購入費を経費に算入した上で税額計算できるケースもあるようです。

あっ、その話は聞いたことがあります。裁判になっていましたよね？

そうです。平成29年12月15日の最高裁判決で、ハズレ馬券の購入費用が必要経費になるとされたものです。

テクノロジーの発達によって、自動売買ツールなんかもつくれるだろうし、いろいろと税務当局にも予想できないことが発生しそうですね。

本当にその通りです。
ということで、スタンスの違いによっては税額の計算方法が変わる場合もありますが、それはかなり例外的なケースなので、基本的には一時所得と考えていただけばよいと思います。
つまり、**ハズレ馬券の経費算入はふつうはできません。**（笑）

ですよね〜。了解です！

ま と め

- 競馬での払戻金は一時所得となり、50万円までは申告不要。
- ただし、懸賞金や賞金、保険満期返戻金、ふるさと納税の評価額などをすべて合計して、年間50万円を超えている場合には申告が必要になる。
- ビジネスとして馬券購入を反復継続的に行っている場合には、ハズレ馬券代を経費にできることもある。

第5章 嘘やろっ!? 雑談で使える税金雑学

283

あとがき

最後まで読んでいただき、誠にありがとうございました。

本書のタイトル通り、1円でも多くお金を残すことは非常に重要です。
ただ、実は本書で僕がもっとも伝えたかったことは、「節税」や制度を活用した「節約」はあくまで手段であり、目的にはなり得ないということです。
節税することが目的化してしまって、自身の活動に制限を設けすぎると、一生、本当の豊かさを手に入れることはできません。

たとえば、本書で何度も解説した「130万円の壁」を意識しすぎると、制度の内側でループし続けることになり、本質的な豊かさを得るチャンスを逃してしまいます。
これは制度を活用しているように見えて、実はその逆に制度に囚われてしまっている状態です。
1年から2年の短期で見れば、確かに扶養の範囲内で仕事をしたほうが手取り額は増えるかもしれません。
しかし、もしその「所得の壁」がなければ、みなさんはもっとたくさん働こうとするでしょう。あるいは、もっと単価のよい仕事をしようとするでしょう。
もっと自分のやりたかった仕事をしようとするかもしれません。
きっと、もっと豊かさを求めることでしょう。

出産や育児、介護などの事情があって、時間の確保がむずかしい方は扶養範囲内・所得制限内で勤務するほうがよいと思います。すべての人に当てはまる話ではないことは理解しています。
要は、人によって、または同じ人でもタイミングによって、最適な選択は異なるということです。家族の状況や収入の状況、将来の展望によって、たった1年で選択が大きく変わることだってあります。
1人ひとりが「自分で考える力」を持つことが必要なんだと思います。

とはいえ、税金や社会保険の制度は非常に難解です。

本書はその入口（入門書）として、あえて制度の細かすぎる部分は省き、最低限知っておいたほうがよいお金と税金にまつわる知識を、楽しみながら手に入れてもらえるような内容にしました。

読者のみなさんが楽しんでいただけたら、とても嬉しいです。

大副業時代である今、僕は税金などの社会的なルールを知る機会や相談場所がもっと身近に、たくさんあるべきだと考えています。

しかし、世間を見渡すと、税理士事務所は多いけれど、一般の方がお金や税金について気軽に聞けるサービスというのは意外とありません。

価格を下げて採算の合う形で、広く多くの方に税務相談ができるような環境を構築することは、非常に困難なのでしょう。

そこで、僕はメタバースを活用することで、「税理士」や「税金」をより身近に感じてもらえる環境を構築していこうと思っています。

今後、無料の税務相談所を開催していくことも考えています。

プロフィールに記載している公式LINEアカウントで、その都度開催のタイミングなどをお知らせするつもりです。ぜひ、活用してください。

最後に、感謝を伝えさせていただきます。

まず、本書を執筆する機会をくださった永松茂久さん、すばる舎さん、TSUTAYA書店さん、bizplayさんをはじめとする「日本ビジネス書新人賞」の運営のみなさまに感謝申し上げます。

右も左も分からない僕のサポートで、大変なご苦労をされたことと拝察いたします。

おかげさまで迷うことなく、クリアで見通しのよい道を歩ませていただきました。本当にありがとうございました。

また、執筆作業に集中させてくれた「SAMURAIバース」の運営メンバーは、僕の日々変わる予定にも、嫌な顔ひとつせず柔軟に対応してくれて、ありがとうございました。
それから、SNSでフォローしてくれている視聴者のみなさま、質問やコメントになかなか返信できていないにも関わらずいつも応援していただき、ありがとうございます。

そして、私が出版することができたのは「挑戦」し続けた結果です。
とりわけ、両親である笹光男、悦子をはじめ兄姉である佳史、友香は、どんなときにも僕の味方であり、僕が失敗を恐れず、挑戦し続けられるのは、帰れる場所があるからです。
そして日々、生活基盤をつくり、もっとも身近で支えてくれた妻である良佳は、どんなときにも僕の背中を押し、僕の活動を優先し、尊重してくれました。
そんな家族の支えがあったから得られた大きな機会であったと思います。
重ねて感謝申し上げます。どうもありがとうございました！

そして、挑戦をするきっかけをくれた我が子、涼菜と立樹にも感謝です。おかげでお父さんは人生を楽しいと感じられています。しばらく遊びに行けていないから、この本を書き終えたらいっぱい遊びに行こうね。

最後に、本書を手に取り最後まで読んでくれた読者のみなさまに感謝申し上げます。
本当にありがとうございました。
本書で、税金やお金に関する日本の各種制度について知り、みなさまが豊かさを考えるきっかけになれば、この上ない幸せです。

お役に立てれば幸いです。

じてこ先生SASA（笹圭吾）

著者
じてこ先生SASA（笹圭吾）
元国税・税理士

1980年、和歌山県生まれ。

大学在学中に国税専門官採用試験に合格、その後、大阪国税局で国税調査官として17年勤務。

我が子に「挑戦しろ！」と言っているにも関わらず、自分自身が挑戦していないことに気づき、父の背中を見せるために「自分がワクワクすることしかしない」と決め、国税局を退職し税理士として独立開業。

税理士の集客目的で始めたSNSが大バズりし、SNS総フォロワー数25万人超（TikTok 13万人、Instagram 8万人、YouTube 4万人など）のアカウントに成長。SNSのおかげで、集客には成功するものの心が豊かになっていない（わくわくしていない）ことに気づき、1年6ヶ月で税務顧問業から完全撤退。

このとき、税理士顧問業と並行しながら別の活動に身を投じることも可能であったが、過去の実績（資格、能力など）が邪魔をして前に進めなくなっている自分を痛烈に感じたことから、税務顧問業からの完全撤退を選択した。

現在は、人によって異なるお金や税金の「最適」を伝えるため、各種SNSや動画、メタバース、セミナーなど多様なチャネルで税務やビジネスに関する情報を発信中。

また、子供たちの明るい未来には、今の環境を変える必要を感じ、メタバース等のテクノロジーを活用し、世界に日本を届ける活動をしている。

2023年5月には、メタバースにて「24時間メタバース活用EXPO 2023」を主催し、来場1万人を達成。趣味はヒップホップダンス、読書、ランニングなど。本書が初の著書。

じてこ先生SASA（笹圭吾）ポータルサイト

まずはココから!!

じてこ先生SASAがTikTokやInstagramで紹介している「節税シミュレーション」を自分で行う際、役に立つふるさと納税限度額早見表、各種税率表、年収手取り早見表などを収録したPDFファイルを無料プレゼント！
https://lit.link/jitekosasa

●公式LINEアカウント

●Instagramアカウント

●TikTokアカウント

●笹圭吾オフィシャルサイト

●YouTubeチャンネル

●公式Twitterアカウント

あの〜〜〜、1円でも多くお金を残すにはどうしたらいいですか？

2023 年 7 月 12 日　　第 1 刷発行
2023 年 10 月 23 日　　第 2 刷発行

著　者———— じてこ先生 SASA（笹 圭吾）

発行者———— 徳留 慶太郎

発行所———— 株式会社すばる舎

〒 170-0013　東京都豊島区東池袋 3-9-7 東池袋織本ビル

TEL 03-3981-8651（代表）　03-3981-0767（営業部）

FAX 03-3981-8638

https://www.subarusya.jp/

プロデュース———— 永松 茂久

編　集———— 菅沼 真弘（すばる舎）

装　丁———— 小口 翔平＋畑中茜（tobufune）

DTP・本文デザイン———— VP デザイン室

イラスト———— せるこ　※一部フリー素材も使用

印　刷———— ベクトル印刷株式会社

落丁・乱丁本はお取り替えいたします